Impulse Physik 7–10

Arbeitsbuch 1

Ernst Klett Verlag
Stuttgart · Leipzig

Das Unterrichtswerk **Impulse Physik Rheinland-Pfalz Arbeitsbuch 1** wurde auf der Grundlage der Ausgaben **Impulse Physik Nordrhein-Westfalen, Impulse Physik Niedersachsen, Impulse Physik Hessen Sekundarstufe I, Impulse Physik Baden-Württemberg, Impulse Physik Thüringen, Impulse Physik Bayern, Impulse Physik Arbeitsblätter** und **Arbeitsblätter Plus Physik 1 + 2** erstellt.

Deren Autorinnen und Autoren sind: Heinz-Willi Bladt, Wilhelm Bredthauer, Klaus Gerd Bruns, Heinz Joachim Ciprina, Dr. Bodo Cramer, Martin Donat, Christian Feldmann, Dr. Berthold Freytag, Jörn Gerdes, Manfred Grote, Ursula Gutjahr, Georg Heinrichs, Rolf Herold, Dr. German Hacker, Dr. Thilo Höfer, Ulrich Janzen, Walter Jordan, Florian Karsten, Tobias Kirschbaum, Reiner Kohl, Harald Köhncke, Martin Kramer, Wolfgang Kugel, Helmut Kuhaupt, Jens Maier, Alexander Mittag, Detlef Müller, Dr. Michael Neffgen, Norbert Nuscher, Johannes Opladen, Uwe Petzschler, Jürgen Reimers, Norbert Schell, Martin Schmidt, Dr. Helmut Schmöger, Dr. Peter Siebert, Till Stephan, Sven Stötzer, Dr. Klaus Weber, Oliver Wegner, Horst Welker, Anton Wiedemann, Nicola Wölbern, Christian Wolf, Michael Wolf, Dr. Frank Zimmerschied.

1. Auflage

1 9 8 7 6 5 | 2026 2025 2024 2023 2022

Alle Drucke dieser Auflage sind unverändert und können im Unterricht nebeneinander verwendet werden. Die letzte Zahl bezeichnet das Jahr des Druckes.

Redaktion: Peter Anselment
DTP/Satz: B2 Büro für Gestaltung, Andreas Staiger, Stuttgart

Einbandkonzeption: normaldesign GbR, Maria und Jens-Peter Becker, Schwäbisch Gmünd.
Gestaltung: B2 Büro für Gestaltung, Andreas Staiger, Stuttgart.
Grafiken: Alfred Marzell, Schwäbisch Gmünd; Joachim Hormann, Stuttgart; Jörg Mair, München; Tom Menzel, Rohlsdorf; Gerhart Römer, Ihringen a. K. und Andreas Staiger, Stuttgart.
Reproduktion: Meyle + Müller, Medien-Management, Pforzheim.
Druck: Himmer GmbH Druckerei, Augsburg.

Printed in Germany.
ISBN: 978-3-12-772284-0

Inhaltsverzeichnis

Hinweise zur Gliederung des Heftes 4

Schall und Wechselwirkung 5

Vom Hören 6
Schall fühlen und sehen 7
Schall sichtbar gemacht 8
Amplitude und Frequenz 10
Schall unterwegs 11
Ausbreitung des Schalls 13
) Echo und Nachhall 14
) Schalldämpfung 14
) Spickzettel 15
) Hören in Natur und Technik 16
Das Ohr 17
) Lärm schädigt unser Wohlbefinden! 18
) Wie schützt man sich vor Lärm? 19
Teste dich selbst Schall und Wechselwirkung 20

Licht und Wechselwirkung 21

Vom Sehen 22
Licht trifft auf Gegenstände 23
Energie unterwegs mit Licht 24
) Experimente planen und durchführen 25
Licht breitet sich geradlinig aus 26
Ausbreitung des Lichts 27
Licht und Schatten 28
Kernschatten und Halbschatten 30
Reflexion und Streuung von Licht 31
Das Reflexionsgesetz 32
Reflexion des Lichts 33
Die Brechung des Lichts 34
) Brechung in der Atmosphäre 35
Die Brechung des Lichts 36
) Physikalisch argumentieren 37
) Messen – Dokumentieren – Vorhersagen 38
) Beispiel eines Protokolls 38
Die Totalreflexion 39
Optische Linsen 40
Linsen machen Bilder 41
Optische Linsen 42
) Bildkonstruktion mit Sammellinsen 43
Linsen vergrößern 44
Woher kommen die Farben? 45
) Wie entsteht der Regenbogen? 46
Die Zerlegung des weißen Lichts 47
Teste dich selbst Licht und Wechselwirkung 48

Temperatur und Materie 49

Aufbau von Stoffen 50
Bewegung der Teilchen – Diffusion 51
Die Temperatur 52
Das Thermometer 54
) Diagramme erstellen 55
Bratfett bei verschiedenen Temperaturen 56
Schmelzen, Verdampfen und zurück 57
Feste Körper dehnen sich aus 58
) Experimente planen und durchführen 59
Die Ausdehnung fester Körper 60
) Vermutungen durch Experimente überprüfen 61
Flüssigkeiten und Gase dehnen sich aus 62
) Unterschiedliche Ausdehnung 63
Gase und Zustandsgrößen 64
) „Regelwidriges" Verhalten bei Wasser 65
Die Anomalie des Wassers 66
Temperaturverlauf bei Aggregatzustandsänderungen 67
Teste dich selbst Temperatur und Materie 68

Bewegung und Wechselwirkung 69

Bewegungen 70
Schnell und langsam 72
) Umgang mit Daten und Diagrammen 74
) Rechnen mit proportionalen Zusammenhängen 75
Beschleunigen und Bremsen 76
) Informationen aus Diagrammen entnehmen (1) 78
) Informationen aus Diagrammen entnehmen (2) 79
Bewegungen im Diagramm 80
Interpretation von Bewegungsdiagrammen 81
Bewegungen in zwei Dimensionen 82
Die Masse 83
Der Impuls 85
Impuls und Kraft 86
Die Kraft 87
Kraftmessung 89
Verformung durch Kräfte 90
Kraftwirkungen 91
Die Gewichtskraft 92
Wechselwirkung von Kräften 94
Mehrere Kräfte wirken 95
Kraft und Gegenkraft 96
Die Reibungskraft 97
Teste dich selbst Bewegung und Wechselwirkung 98

Anhang 99

Tabellen 99   Stichwort- und Personenregister 102

Dieses Symbol weist auf ein Arbeitsblatt hin.

 **Surftipp** ye72nm   **Online-Materialien im Überblick** Der Code führt dich zu einer Übersicht über alle Online-Materialien zu diesem Band. Am besten speicherst du diesen unter deinen Favoriten, um immer wieder einfach Zugriff zu haben.

Hinweise zur Gliederung des Buches

Impulse Physik Arbeitsbuch Rheinland-Pfalz ist – neben der thematischen Gliederung nach Themenfeldern – auch nach funktionellen Bausteinen strukturiert. Die nachfolgende Auflistung gibt einen Überblick.

Kapitelbeginn

Abbildung mit Phänomen aus dem Kapitelinhalt über die ganze Seitenbreite. Darüber Kapitelüberschrift (siehe Inhaltsverzeichnis); die Überschrift wird auf jeder der folgenden Seiten unten bei der Seitenzahl wiederholt. Inhalt: Verschiedene Probleme, die zum folgenden Stoff hinführen.

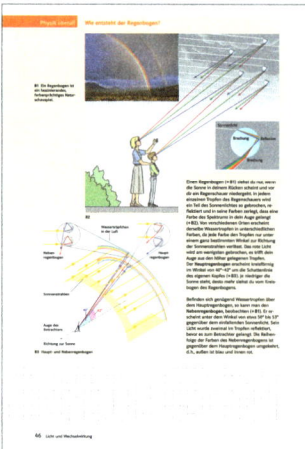

Ergänzungen

Abschnitte oder ganze Seiten auf hellem Hintergrund. Orangefarbene Fahne mit Schriftzug „Physik überall". Inhalt: Weiterführender Stoff sowie Zusatzinformationen zu Kontexten aus Umwelt, Medizin und Naturwissenschaften, Technik und Geschichte.

Versuche

Hellblauer Hintergrund. Inhalt: Beschreibung der grundlegenden Versuche, Beobachtungen und Messergebnisse. Anschließend Grundwissen ohne gesonderte Kennzeichnung.

Grundwissen

Inhalt: Problemgeschichte mit Begriffsdefinitionen, Erklärungen und Folgerungen aus Experimenten, Merksätzen und Fragen.

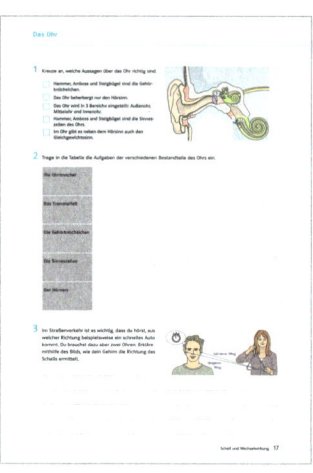

Arbeitsblätter

Diese Seiten beinhalten theoretische und praktische Übungs- und Vertiefungsaufgaben zu den Themen und Inhalten des Arbeitsbuches.

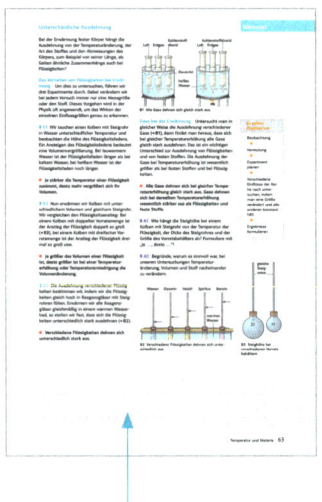

Werkstatt / Kompetenz

Graublauer Hintergrund, blaue Fahne mit Schriftzug „Werkstatt" bzw. „Kompetenz". Inhalt: Beschreibung der grundlegenden Arbeitsmethoden und Vorgehensweisen der Physik sowie Anleitungen zu selbstständigem Arbeiten und Experimentieren.

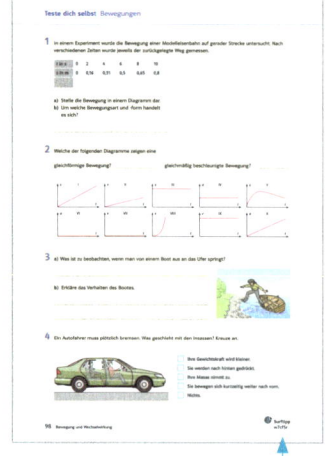

Teste dich selbst

Diese Seiten enthalten eine Auswahl an Fragen und Aufgaben, mit denen die Schülerinnen und Schüler ihr jeweiliges Grundwissen der Themenfelder selbst kontrollieren können. Die Lösungen zu den Seiten sind über den jeweiligen angegebenen Impulse-Physik-Code erreichbar.

Surftipp
d49j2z

Grundwissen-, Werkstatt- und Kompetenzseiten enthalten Schreibfelder für eigene Notizen, Kommentare und Lösungen.

Kennzeichnung der Anforderungsbereiche der Aufgaben:
○ Anforderungsbereich I
◑ Anforderungsbereich II
● Anforderungsbereich III

Auf den jeweiligen Seiten des Kapitelbeginns und auf den „Teste dich selbst"-Seiten findest du Impulse-Physik-Codes. Diese führen dich zu weiteren Informationen, Lösungen, Materialien oder Übungen im Internet. Gib den Code einfach in das Suchfeld auf www.klett.de ein.

Schall und Wechselwirkung

Wie weit ist das Gewitter entfernt?

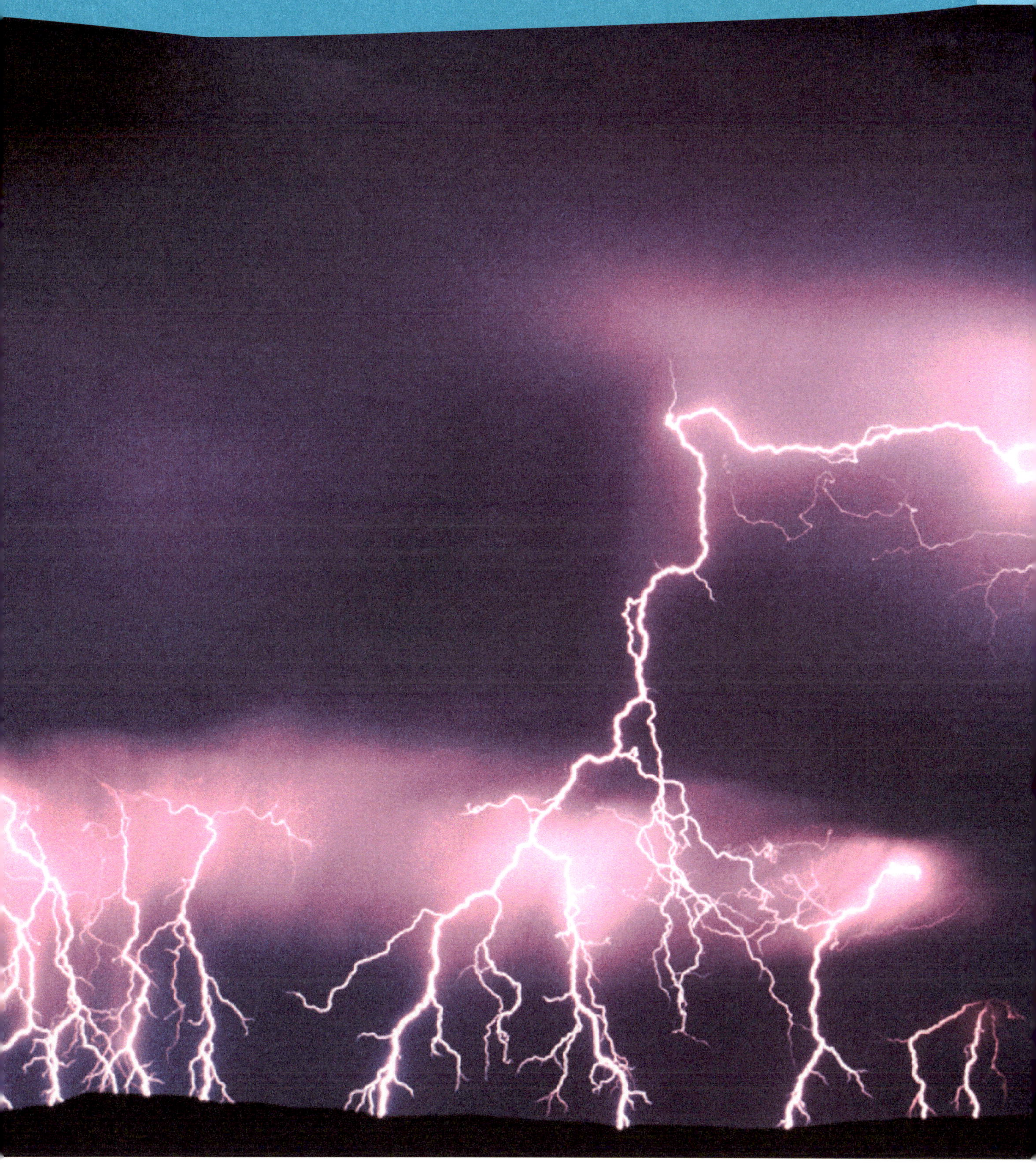

Surftipp
bh628b

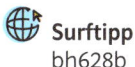

Vom Hören

B1

Schall umgibt uns ständig   Höre eine Minute bewusst auf alles, was du mit den Ohren wahrnimmst. Du wirst feststellen, dass pausenlos irgendwelche Geräusche und Klänge auf dich einströmen. Ein Vogel zwitschert, die Uhr tickt, ein Auto hupt, Wasser rauscht, eine Katze schnurrt, eine Tür quietscht usw.

Den ganzen Tag brummt, summt, klappert, knallt, pfeift und klingt es um uns herum. Jeder nimmt diese Eindrücke anders wahr. Manche Geräusche empfinden wir als angenehm, andere wiederum als störend und unangenehm.

Finde Beispiele bei deinem „Hörversuch", bei denen ein Hörereignis gleichzeitig als störend und angenehm empfunden werden könnte!

Merke: Schallquellen erzeugen Schall. Schallempfänger reagieren auf Schall.

Von der Quelle zum Empfänger   Im täglichen Leben ist es manchmal notwendig, Menschen vor Gefahren zu warnen oder auf besondere Situationen aufmerksam zu machen. Dieses geschieht häufig durch Schall. Autos hupen, bei Rettungswagen oder einem Löschzug der Feuerwehr ertönt eine Sirene.

Auch für das Zusammenleben der Menschen und Tiere ist Schall wichtig, denn der Austausch von Informationen geschieht häufig

durch Schall. Menschen nutzen den Schall, indem sie Informationen durch Sprache austauschen. Bei Tieren geschieht dies über Laute; Hunde bellen, Vögel zwitschern.

Manchmal ist es aber auch notwendig, sich vor Schall zu schützen. Ohrenärzte stellen immer häufiger Schädigungen des Gehörs fest. Ursache für diese Gehörschäden sind hohe Lautstärken, die über einen längeren Zeitraum auf das menschliche Ohr einwirken.

Musikinstrumente, Lautsprecher, Maschinen, Menschen und Tiere erzeugen Schall. Wir nehmen alle Eindrücke mit unseren Ohren wahr.

● **Alles, was man hören kann, ist Schall.**

Gegenstände, die Schall erzeugen oder mit denen sich Schall erzeugen lässt, sind **Schallquellen**. Körper, die Schall aufnehmen, nennt man **Schallempfänger** (→B2). Nicht nur mit unseren Ohren nehmen wir Schall auf, mit Hilfe technischer Geräte wie z. B. Mikrofonen lässt sich Schall empfangen und dann weiterverarbeiten.

■ **A1** ○ Nenne verschiedene Schallquellen und beschreibe, wie sie sich anhören!

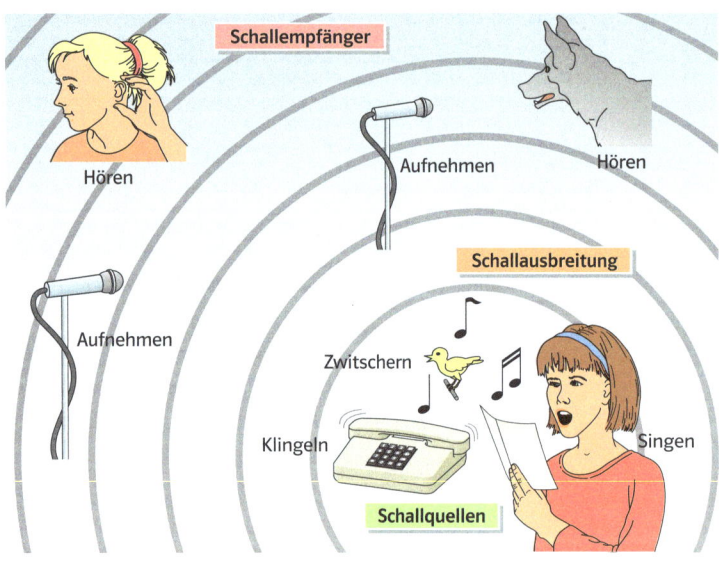

B2 Schallquellen, Schallausbreitung und Schallempfänger

Schall fühlen und sehen

▌**V1** Spanne eine lange Stricknadel oder eine Fahrradspeiche in einen Schraubstock und lasse das obere Ende der Nadel frei schwingen (→ **B2**). Wiederhole dies mit unterschiedlich tief eingespannter Nadel.

▌**V2** Schlage eine Stimmgabel an, die eine Schreibspitze an einem Zinken hat, und ziehe die Spitze über eine berußte Glasscheibe (→ **B1**).

▌**V3** Befestige eine aus Alufolie oder Papier geformte kleine Kugel an einem dünnen Faden. Halte sie wie in Abbildung **B3** so, dass sie den Rand eines leeren Glases oder einer Stimmgabel gerade berührt.

▌**V4** Schlägst du eine Stimmgabel an und tauchst sie dann sofort wie in Abbildung **B4** ins Wasser, so spritzt das Wasser beim Eintauchen der Stimmgabel auf.

▌**V5** Lege Reiskörner auf die Membran eines tönenden Lautsprechers.

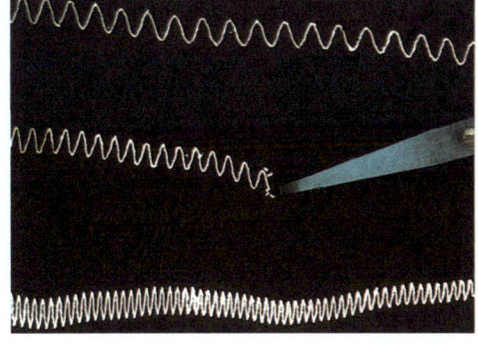

B1

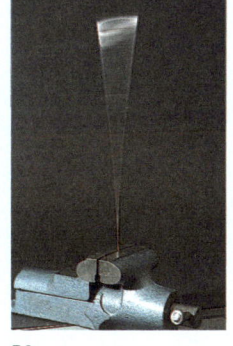

B2

Lernstationen:
Die Versuche **V1** bis **V5** lassen sich auch als Lernzirkel durchführen. Fertigt dazu entsprechende Stationenkarten an.

B3   B4

Schallentstehung   Legt man beim Sprechen die Hand an den Kehlkopf, so kann man die Worte nicht nur hören, sondern auch ein Vibrieren in der Kehle fühlen.

Berührt man mit den Lippen eine angeschlagene Stimmgabel, so spürt man, dass die Zinken hin und her schwingen. Die Bewegung der Membran eines tönenden Lautsprechers kann man ebenfalls fühlen.

Offensichtlich ist die Entstehung von Schall mit der Hin- und Herbewegung eines Körpers verbunden. Diese Hin- und Herbewegungen nennt man **Schwingungen**.

● **Die Erzeugung von Schall ist mit Schwingungen von Schallquellen verbunden.**

Diese Schwingungen von Schallquellen verlaufen in der Regel so schnell, dass sie mit bloßem Auge kaum zu sehen sind. Um sie sichtbar zu machen, braucht man Hilfsmittel wie z. B. Wasser, Aluminiumkügelchen oder Reiskörner (→**V3, V4, V5**).

Bei Mücken, Fliegen oder Bienen entstehen die für sie so charakteristischen Geräusche wie Summen und Brummen durch die schnellen Hin- und Herbewegungen ihrer Flügel im Flug. Was aber bewegt sich bei einer Blockflöte? In die Öffnung geblasener Rauch zeigt, dass es die Luft ist, die schwingt.

B5 Der Maikäfer brummt.

Schall sichtbar gemacht

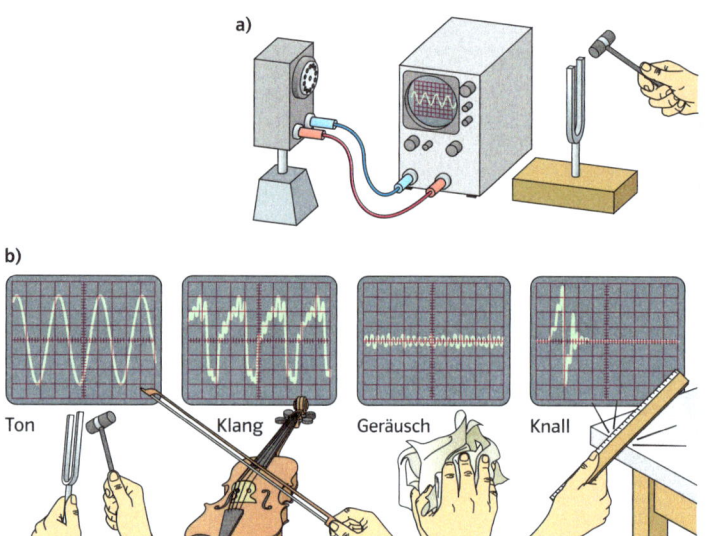

■ **V1** Wir verbinden ein Mikrofon mit einem Oszilloskop (→**B1a**). Mit einer Stimmgabel, einer Geige, einem Papier und einem Lineal erzeugen wir einen Ton, einen Klang, ein Geräusch und einen Knall. Abbildung **B1b** zeigt die dabei auftretenden Schwingungsbilder auf dem Oszilloskop.

■ **V2 a)** Schlage eine Stimmgabel einmal leicht und einmal fest an. Beschreibe die Lautstärke des Tons und das Bild auf dem Bildschirm des Oszilloskops.
b) Nimm nun mehrere Stimmgabeln, die verschiedene Töne erzeugen. Schlage die Stimmgabeln an und ordne sie nach der Tonhöhe. Beschreibe, worin sich das Bild auf dem Bildschirm des Oszilloskops bei einem höheren und einem tieferen Ton unterscheidet.

B1 Versuchsaufbau (a), Messergebnisse (b)

Ton   Klang   Geräusch   Knall

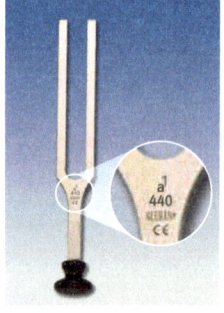
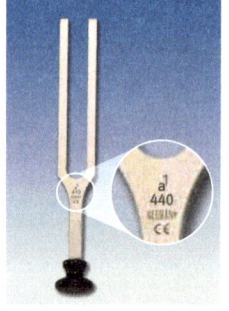

B2

Tonhöhe und Frequenz, Lautstärke und Amplitude

Mit Hilfe eines **Oszilloskops** lässt sich Schall sichtbar machen. Ein Mikrofon wandelt den Schall in elektrische Signale um. Diese werden als Schwingungskurve auf dem Bildschirm des Oszilloskops angezeigt.

Ordnet man Stimmgabeln nach ihrer Tonhöhe, dann stellt man folgendes fest: Je höher der wahrgenommene Ton, desto größer ist die auf der Stimmgabel angegebene Zahl (→**B2**). Die Angabe auf der Stimmgabel wird als Frequenz bezeichnet. Die Angabe 440 Hz (sprich: „440 Hertz") bedeutet z. B., dass die Stimmgabel in einer Sekunde 440 volle Schwingungen ausführt. Auf dem Bildschirm des Oszilloskops sieht man, dass die tiefer klingende Stimmgabel langsamer schwingt als die höher klingende Stimmgabel (→**B4a**). Die Einheit Hertz der Frequenz ist nach dem Physiker **Heinrich Hertz** (1857–1894) benannt.

● **Je schneller die Schwingung eines klingenden Körpers, desto höher der Ton. Tiefe Töne haben eine kleine Frequenz, hohe Töne eine große Frequenz.**

Schlägt man eine Stimmgabel leicht an, so erhält man am Oszilloskop ein Schwingungsbild wie in Abbildung **B4b**. Schlägt man fest gegen die Stimmgabel, so wird der Ton lauter, die Stimmgabel schwingt weiter aus. Der Aus-

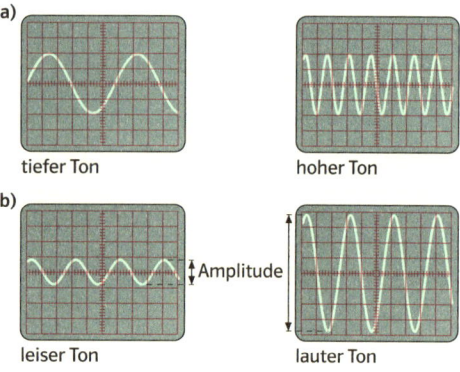

tiefer Ton   hoher Ton

leiser Ton   lauter Ton   Amplitude

B4

schlag auf dem Oszilloskop wird größer. Der größte Ausschlag wird als **Amplitude** bezeichnet (→**B4b**).

● **Je größer die Amplitude, desto lauter ist der wahrgenommene Ton.**

Das lässt sich auch bei einem schwingenden Lineal beobachten (**B3**). Je länger das frei schwingende Ende des Lineals ist, desto langsamer schwingt es. Es erklingt ein tiefer bzw. gar nicht mehr hörbarer Ton. Es ergibt sich ein höherer Ton, wenn ein kürzeres Stück des Lineals schwingt. Die Hin- und Herbewegung erfolgt so schnell, dass sie mit bloßem Auge kaum zu sehen ist. Weit ausgelenkt erklingt das Lineal lauter als bei geringer Auslenkung.

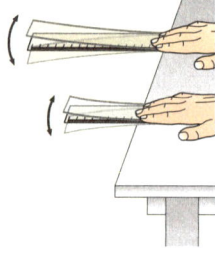

B3

Schall ganz unterschiedlich Je nach Schwingungsbild lässt sich Schall in Ton, Geräusch, Knall und Klang einteilen.

Bei gleichmäßigen Schwingungen spricht man von reinen **Tönen**, wie sie z. B. von Stimmgabeln erzeugt werden. Durch viele verschiedene Schwingungen mit unterschiedlichen Frequenzen und Amplituden entsteht ein **Geräusch**. Bei einem **Knall** schwingt die Schallquelle dabei nur kurz, aber heftig. Instrumente erkennt man an ihrer Klangfarbe. So unterscheidet sich der gleiche Ton *a* – von verschiedenen Instrumenten erzeugt – in seinem Schwingungsbild. Ein **Klang** erscheint auf dem

Oszilloskopschirm als von höheren Tönen überlagerter Grundton. Gerade in dieser Vielfalt von Klängen liegt der Reiz der Musik.

Die Stimmen von Menschen weisen ebenfalls große Unterschiede im Schwingungsbild auf. Anhand dieser Abweichungen lassen sich Stimmen eindeutig wiedererkennen, was z. B. der Kriminalpolizei bei der Identifizierung von Telefonerpressern hilft.

● **Bei einem Ton schwingt die Schallquelle gleichmäßig. Bei einem Geräusch schwingt die Schallquelle unregelmäßig. Bei einem Knall schwingt sie kurz, aber heftig.**

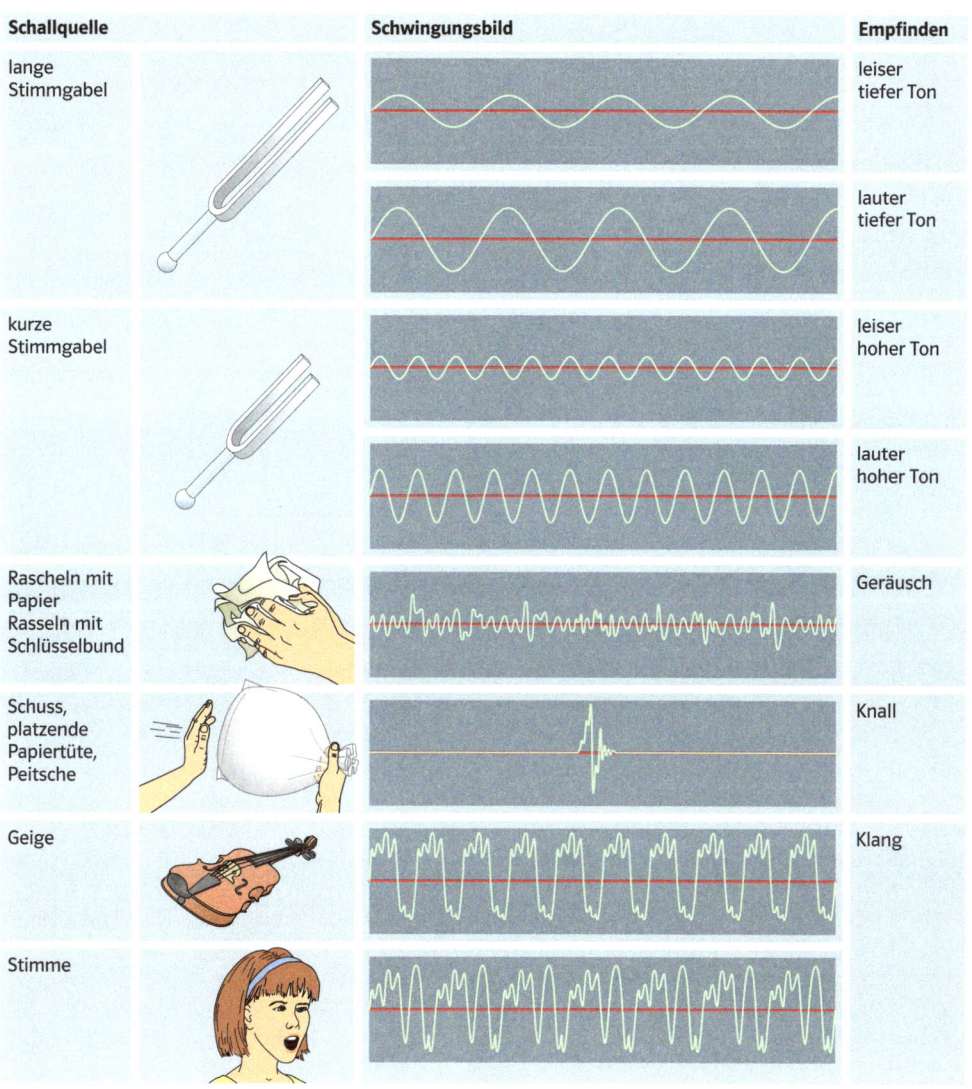

B1 Verschiedene Schwingungsbilder

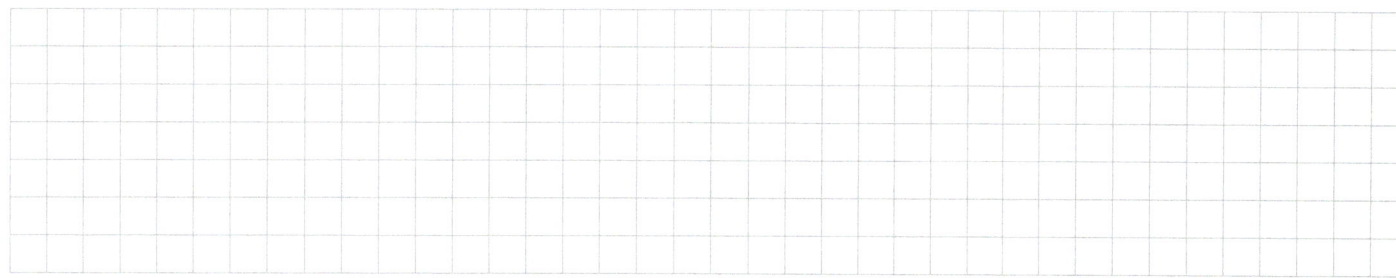

Amplitude und Frequenz

1 Kreuze die richtigen Aussagen zu Amplitude und Frequenz an.

☐ Je lauter ein Ton, desto größer ist seine Frequenz.

☐ Die Frequenz gibt an, wie viele Schwingungen beispielsweise eine Gitarrensaite in einer Sekunde durchführt.

☐ Je leiser ein Ton, desto kleiner ist seine Amplitude.

☐ Je höher ein Ton, desto kleiner ist seine Frequenz.

☐ Die Amplitude ist die maximale Auslenkung einer Schwingung.

☐ Die kleinste Auslenkung einer Schwingung nennt man Amplitude.

2 Vom Bildschirm eines Oszilloskops werden vier Screenshots gemacht. Jeder Screenshot zeigt einen anderen Ton. Die vier Töne unterscheiden sich in Höhe und Lautstärke. Leider ist nur noch ein Screenshot vorhanden.
Ergänze die drei anderen Bilder, indem du Frequenz und Amplitude passend veränderst.

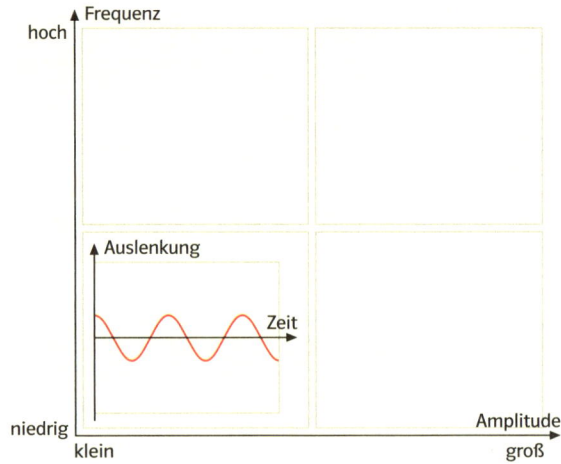

3 Die Frequenz gibt an, wie viele Schwingungen beispielsweise eine Stimmgabel in einer Sekunde durchführt. 440 Hz bedeutet z. B., dass diese Stimmgabel in einer Sekunde 440 Schwingungen durchführt:
$f = \frac{440}{1\,s} = 440\,Hz$.

a) Ein Lineal wird angezupft und hat 6 000 Schwingungen in 1 Minute. Berechne die Frequenz.

_____

_____

_____

_____

b) Ein Frequenzgenerator erzeugt 72 000 Schwingungen in 1 Stunde. Berechne die Frequenz.

_____

_____

_____

_____

Schall unterwegs

V1 Vor ein Tamburin stellen wir in einigen Zentimetern Entfernung eine brennende Kerze (→ B2). Schlagen wir das Tamburin an, so flackert die Kerze.

V2 Entfernen wir eine tickende Uhr etwa 1 m von unserem Ohr, so hören wir sie nicht mehr. Halten wir eine Stativstange direkt zwischen Ohr und Armbanduhr, so hören wir das Ticken wieder deutlich.

V3 Ein Wecker (→ B1) ist nicht zu überhören. Sein Ton wird leiser, wenn wir ihn auf weiches Schaumgummi legen und eine Glasglocke

darüber stülpen. Pumpen wir die Luft aus der Glasglocke ab, so wird der Ton immer leiser, bis wir ihn zuletzt gar nicht mehr hören. Am Vibrieren sehen wir, dass er sogar unhörbar klingelt.

V4 Ein Schüler stellt sich weit entfernt von der Klasse auf den Schulhof. Versucht er, den anderen etwas zuzurufen, so ist er nur schlecht zu hören. Hält er seine Hände wie einen Trichter vor den Mund, so hört man ihn wesentlich besser.

B2

V5 Mehrere Schülerinnen und Schüler stellen sich mit Stoppuhren verschieden weit von einem Mitschüler mit einer Starterklappe auf einem Weg auf. Im Augenblick des Zusammenschlagens der Klappen starten sie ihre Stoppuhren. Beim Hören des Knalls stoppen sie die Uhren.

Bei einer Entfernung von zum Beispiel 480 m messen sie als Mittelwert 1,5 s; bei 600 m ergibt sich als Mittelwert 1,8 s.

B1

Ein Modell zur Ausbreitung des Schalls

Stimmbänder, Saiten, Lautsprecher sind Schallquellen, die schnelle Schwingungen ausführen. In der Physik bedienen wir uns eines **Modells** (→ B3), um zu veranschaulichen, wie solche Schwingungen von der Quelle zum Empfänger übertragen werden:

Bei der Schraubenfeder besitzen zunächst alle Windungen den gleichen Abstand. Werden an einem Ende einige Windungen zusammengeschoben, so wandert diese Verdichtung der Windungen durch die gesamte Feder. Ziehen wir die Feder an einem Ende auseinander, wandert eine Verdünnung durch die Feder. Bei einer Verdünnung sind also die Abstände der Windungen größer als im Ruhezustand, bei Verdichtungen kleiner als im Ruhezustand. Bewegen wir ein Ende der Feder periodisch hin und her, so laufen abwechselnd Verdichtungen und Verdünnungen der aneinander gekoppelten Windungen wie eine Welle durch die Feder. Luft stellen wir uns als eine Menge von Teilchen vor. Ähnlich wie bei einer Schraubenfeder werden die an eine schwingende Membran angrenzenden Luftteilchen zur Seite gestoßen. Diese geben – mit geringer Verzögerung – den

Stoß an die angrenzenden Teilchen weiter. Bewegt sich die Membran wieder zurück, so füllt die angrenzende Luft den frei werdenden Raum wieder. Die so erzeugten Luftverdichtungen und Luftverdünnungen wandern nun von der Schallquelle weg und breiten sich als „**Schallwelle**" in alle Richtungen aus.

● Die Ausbreitung einer Folge von Luftverdichtungen und Luftverdünnungen wird als **Schallwelle** bezeichnet.

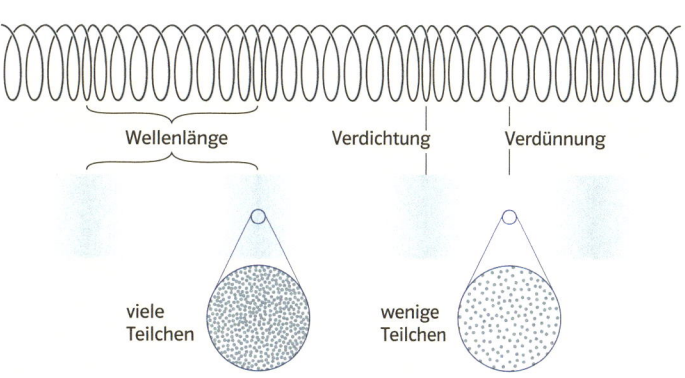

B3 Schraubenfeder als Modell für die Schallausbreitung in Luft

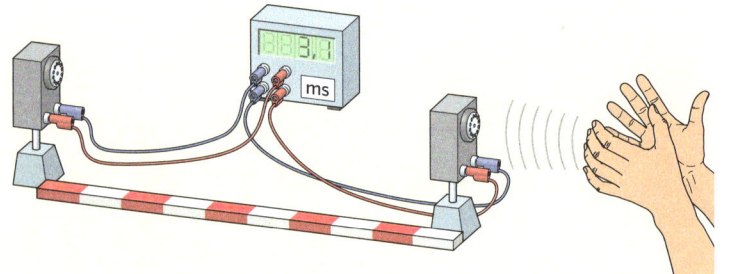

B1 Messung der Schallgeschwindigkeit in der Luft

Gummi	150
Luft	340
Kork	540
Alkohol	1180
Wasserstoff	1330
Wasser	1480
Silber	2640
Eis	3300
Buchenholz	3400
Glas	5100
Eisen	5170

B2 Schallgeschwindigkeit in m/s bei 20 °C

Schallträger Nach dem Modell mit der Schraubenfeder lösen die Schwingungen einer Schallquelle in der sie umgebenden Luft eine Folge von Luftverdichtungen und Luftverdünnungen aus.

Nicht nur in Luft, sondern auch in flüssigen und festen Stoffen breiten sich Schallwellen auf diese Weise aus. Ohne einen Stoff als **Schallträger** gibt es keine Verdichtungen und Verdünnungen, Schall kann sich also im leeren Raum nicht ausbreiten.

Bei der Ausbreitung wird die Schallschwingung vom Schallträger gedämpft. Harte Stoffe dämpfen weniger als weiche. Stoffe, in denen sich der Schall schnell ausbreitet, bezeichnet man auch als gute Schallträger.

● **Schall braucht einen Träger, um von der Schallquelle zum Schallempfänger zu gelangen.**

Schall braucht Zeit Aus Erfahrung weiß jeder, dass ein Gewitterblitz immer vor dem Donner bemerkt wird. Die Ausbreitung der Verdichtungen und Verdünnungen im Schallträger braucht Zeit.

Die **Schallgeschwindigkeit** ist von der Stoffart und der Temperatur des Schallträgers abhängig. Abbildung **B1** zeigt einen Versuchsaufbau

zur Messung der Schallgeschwindigkeit in Luft. Eine Stoppuhr misst die Zeit zwischen dem Empfang des Signals am ersten Mikrofon und den Empfang am zweiten Mikrofon. Wenn diese Messung für verschiedene Strecken durchgeführt wird, so erhalten wir für den Quotienten aus Strecke und Zeit immer denselben Wert. Schall breitet sich im selben Stoff also immer gleich schnell aus. In Luft legt der Schall in einer Sekunde etwa 340 Meter zurück. In Flüssigkeiten und festen Stoffen breitet er sich meistens wesentlich schneller aus (→ **B2**).

● **Die Schallgeschwindigkeit in Luft beträgt ca. 340 m/s (Meter pro Sekunde).**

Schall wird reflektiert Treffen Schallwellen auf harte Gegenstände wie z. B. Bergwände oder Glasscheiben, so können sie von diesen zurückgeworfen, reflektiert werden. Dabei ändert sich die Ausbreitungsrichtung des Schalls, der Schall wird umgelenkt. Diese Eigenschaft kann man bei folgendem Experiment beobachten:
Stellt man einen laut tickenden, auf Watte gebetteten Wecker in ein oben offenes Gefäß (→ **B3**), so hört man das Ticken des Weckers nur noch direkt über der Öffnung des Gefäßes deutlich. Hält man allerdings über die Öffnung des Gefäßes einen Spiegel, so dass eine Person von einem beliebigen Platz aus die Uhr im Spiegel sehen kann, wird sie das Ticken wieder hören können, wenn sie ihr Ohr in Richtung Spiegel dreht.

Der Schall wird zunächst an den Wänden des Gefäßes reflektiert und kann sich hauptsächlich nach oben ausbreiten. Anschließend wird er an der glatten Oberfläche des Spiegels reflektiert und somit umgelenkt. Statt des Spiegels können auch andere feste Materialien mit glatter Oberfläche benutzt werden.

Schall überträgt Energie Beim Starten und Landen von Flugzeugen kommt es vor, dass in Wohnungen in der Nähe des Flugplatzes Gläser im Schrank und Glasscheiben anfangen zu klirren (→ **B4**). Das Klirren wird stärker, wenn die Lautstärke des Flugzeugs sehr groß wird. Der Schall des Flugzeugs überträgt Energie. Dieses erkennen wir daran, dass die Gläser in Bewegung gesetzt werden und aneinander schlagen.

● **Energie wird mit dem Schall transportiert.**

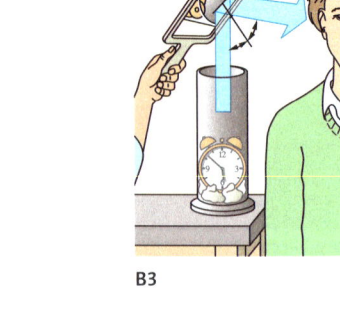

B3

B4 Schall transportiert Energie.

Ausbreitung des Schalls

1 Im linken Bild siehst du eine ruhende Stimmgabel. Sie ist umgeben von winzigen Luftteilchen. Schlägst du die Stimmgabel an, schwingen ihre Zinken sehr schnell hin und her (rechtes Bild).

Beschreibe mithilfe des rechten Bilds, wie der Ton der Stimmgabel an dein Ohr gelangt.

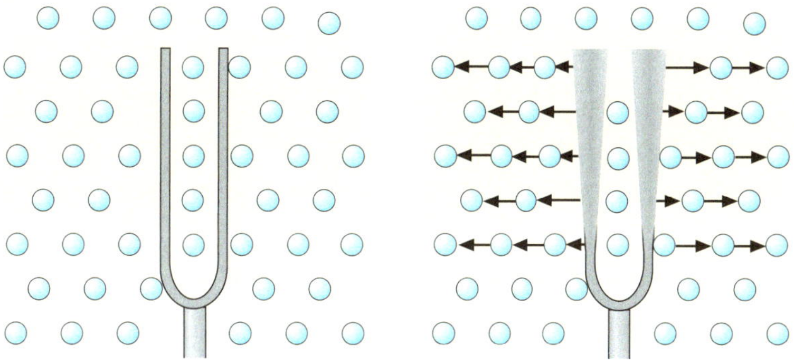

_____

_____

_____

_____

_____

_____

2 Legt man eine laute Klingel oder einen Wecker unter eine Glasglocke, hört man das Signal etwas gedämpft. Wenn man nun langsam die Luft abpumpt, verändert sich der Schall, der von außen zu hören ist.

a) Stelle eine Vermutung zu dieser Veränderung auf und begründe sie.

_____

_____

_____

_____

_____

_____

_____

b) Stell dir vor, eine spezielle Kamera würde im Weltall die Explosion eines Sterns filmen. Beschreibe das Ergebnis.

_____

_____

Echo und Nachhall

Wenn Schallwellen reflektiert werden, kann dies zu einem **Echo** führen. In den Bergen ist ein Echo nichts Ungewöhnliches. Die Schallwellen werden dabei an den hohen Felswänden reflektiert und kommen mit einer gewissen Zeitverzögerung wieder an unserem Ohr an. Da der Schall in 1s etwa 340 m zurücklegt, ist der Effekt umso größer, je weiter die Entfernung zwischen Schallquelle und reflektierender Wand ist.

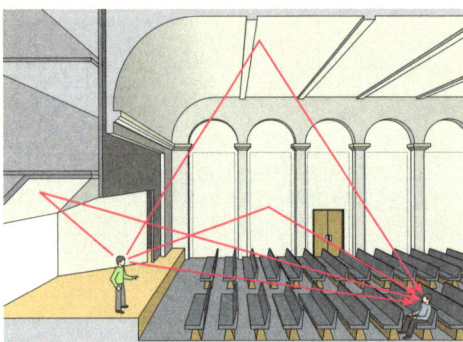

B1

In Räumen mit glatten Wänden kann das Echo so rasch auf das gesprochene Wort folgen, dass das Echo nur als **Nachhall** wahrgenommen wird. Während er beim Reden sehr stört, ist Nachhall bei Musikveranstaltungen oft erwünscht. Wände und Decken von Konzerthallen oder -pavillons werden als Reflektoren für Schallwellen gebaut (→B2).

B2 Konzerthalle

Soll die Schallreflexion hingegen vermieden werden, müssen raue und poröse Oberflächen gewählt werden, da diese die Schallwellen nicht in eine bestimmte Richtung zurückwerfen, sondern in alle Richtungen reflektieren und einen großen Teil des Schalls sogar absorbieren (verschlucken).

Echolot In der Technik nutzt man die Reflexion des Schalls, um Entfernungen zu bestimmen. Das in der Schifffahrt eingesetzte Gerät zur Bestimmung von Meerestiefen nennt man **Echolot**. Es besteht aus einem Schallsender und einem Schallempfänger, die am Rumpf des Schiffes angebracht sind. Das von der Schallquelle erzeugte Signal wird am Meeresboden reflektiert und vom Empfänger wieder aufgenommen (→B1). Die Zeit zwischen Aussendung und Empfang des Signals dient zur Berechnung der Meerestiefe. Mit dem Echolotverfahren können auch große Fischschwärme geortet werden, die diese Schallsignale reflektieren. So erhalten die Fischer Informationen, in welcher Tiefe die Netze geschleppt werden müssen.

■ **A1** ◔ Berechne die Meerestiefe, wenn bei einem Echolot die Zeit zwischen Aussendung und Empfang des Signals 0,5 s beträgt. (Die Schallgeschwindigkeit in Meerwasser beträgt 1522 m/s.)

Schalldämpfung

Entlang vieler Bundesstraßen, Autobahnen und Eisenbahnlinien, die durch dicht besiedelte Wohngebiete führen, stehen hohe Wände oder Wälle. Sie sollen den Lärm dieser Verkehrswege verringern. Wie diese Schallschutzwände funktionieren, soll in Experimenten untersucht werden:

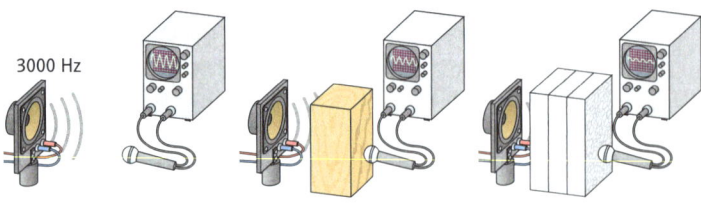

3000 Hz

B3

■ **V1** Ein an einen Tongenerator angeschlossener Lautsprecher erzeugt einen Ton (z. B. 3000 Hz). Die entstehenden Schallwellen werden mit einem Mikrofon empfangen. Am Oszilloskop lässt sich die Lautstärke des Schalls ablesen.

Bringe zwischen Lautsprecher und Mikrofon verschiedene Gegenstände aus Stein, Holz, Glas, Metall, Styropor. Miss mit dem Lineal für jeden Gegenstand die Amplitude der Schwingung auf dem Oszilloskop. Vergleiche!

■ **V2** Untersuche den Einfluss der Dicke des Materials zwischen Schallquelle und Schallempfänger. Stelle eine Messtabelle auf und trage die Werte in ein Diagramm ein.

Oft fällt es uns schwer, die Inhalte eines Sachtextes in freier Rede wiederzugeben. Hierbei kann uns ein kleiner „Spickzettel" helfen, auf dem das Wichtigste möglichst übersichtlich dargestellt ist.

Es gilt folgende Regel: Auf dem Spickzettel sollten höchstens **10 bis 12 Wörter**, jedoch **beliebig viele Bilder** und Zahlen stehen.

Gehe bei der Erstellung eines Spickzettels folgendermaßen vor:
1 Lies den Text sorgfältig durch und markiere wichtige Stellen mit dem Bleistift.
2 Überfliege das Unterstrichene und markiere Schlüsselbegriffe.

3 Unterstreiche Nebeninformationen zu den Schlüsselbegriffen. (Beachte: Markiere nicht zu viel – weniger ist mehr!)
4 Erstelle nun deinen Spickzettel. Überlege dir dabei auch, welche Abbildungen sich gut eignen könnten und welche Begriffe die wichtigsten sind.

Ein Beispiel für einen Spickzettel findest du auf dieser Seite. Er gehört zum Text auf der Seite 34.

■ **A1** ● Erstelle weitere Spickzettel zu einzelnen Seiten in diesem Buch. Trage den Inhalt anschließend einem Mitschüler in freier Rede vor.

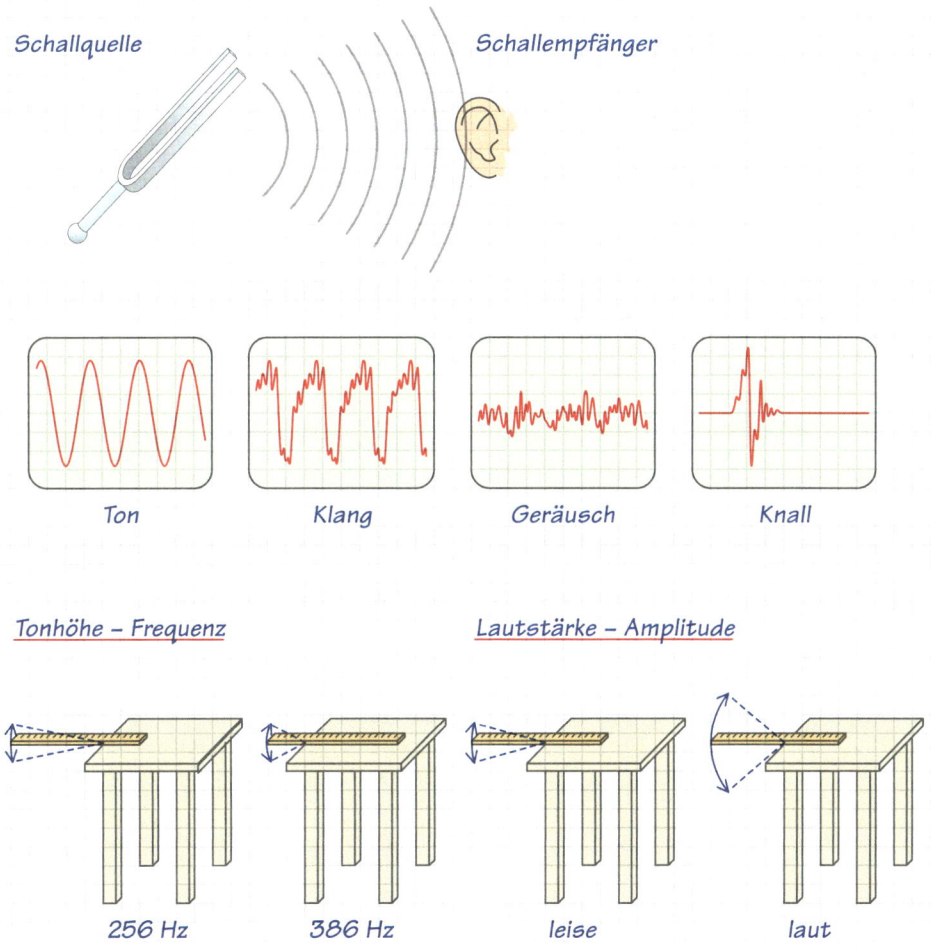

Schallquelle — Schallempfänger

Ton — Klang — Geräusch — Knall

Tonhöhe – Frequenz — Lautstärke – Amplitude

256 Hz — 386 Hz — leise — laut

B1

Lernmethode „Kugellager"

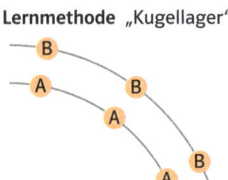

Phase I: Bildet zwei Gruppen A und B. Gruppe A liest den Text zum Ohr, B zu den technischen Schallempfängern. Jeder Schüler notiert sich Stichworte mit wesentlichen Merkmalen.
Phase II: Gruppenmitglieder A bilden einen Innenkreis, Mitglieder der Gruppe B ordnen sich außen dazu und erläutern ihren Partnern aus Gruppe A die technischen Schallempfänger.

Phase III: Die Mitglieder der Gruppe B rücken im Uhrzeigersinn zwei Plätze weiter und hören den Vortrag der neuen Partner aus Gruppe A zum Ohr an.
Phase IV: Die Mitglieder der Gruppe B rücken erneut zwei Plätze weiter. Gemeinsam mit den neuen Partnern aus Gruppe A erstellen sie eine Tabelle mit Gemeinsamkeiten und Unterschieden zwischen Ohr und Mikrofon.

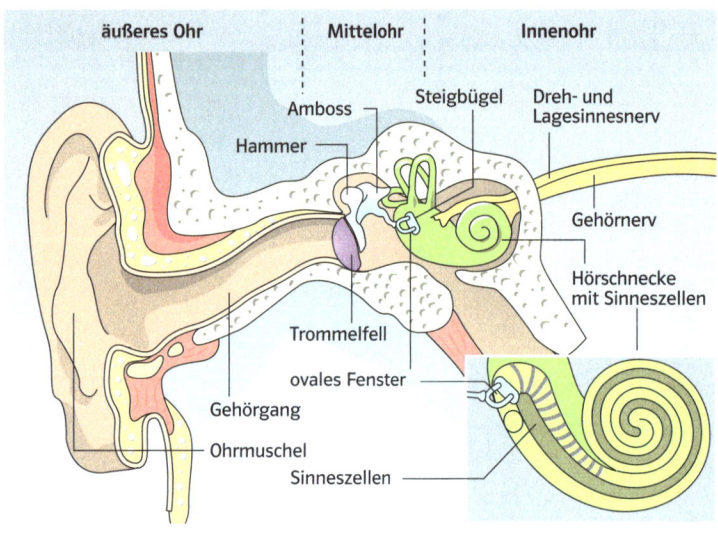

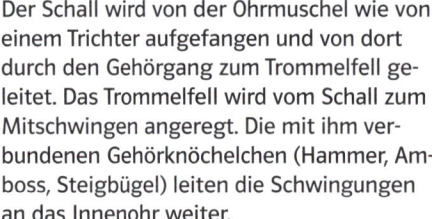

B1 Der Aufbau des menschlichen Ohres

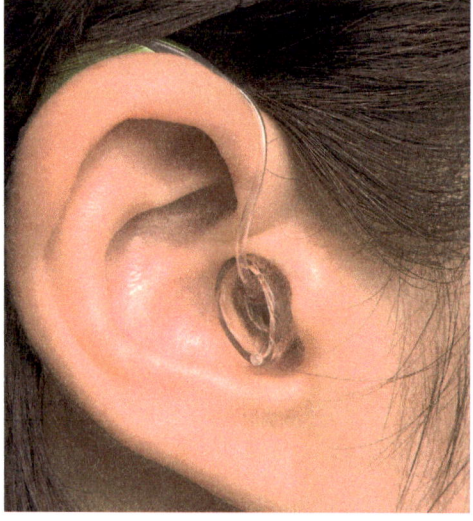

B3

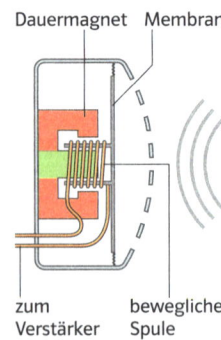

B2 Mikrofon (Prinzip)

Das Ohr als Schallempfänger Das Ohr ist unser Schallempfänger (→B1). Der Schall breitet sich durch die Luft aus und gelangt in unser Ohr.

Der Schall wird von der Ohrmuschel wie von einem Trichter aufgefangen und von dort durch den Gehörgang zum Trommelfell geleitet. Das Trommelfell wird vom Schall zum Mitschwingen angeregt. Die mit ihm verbundenen Gehörknöchelchen (Hammer, Amboss, Steigbügel) leiten die Schwingungen an das Innenohr weiter.

Im Innenohr befindet sich die sogenannte Hörschnecke. In der Hörschnecke werden die Schwingungen in elektrische Nervensignale umgewandelt, die über den Gehörnerv an das Gehirn weitergeleitet werden. Unser Ohr kann Schall mit Frequenzen zwischen 16 Hz und 20 000 Hz wahrnehmen. Im Laufe des Lebens sinkt die oberer Hörgrenze in 10 Jahren um

etwa 2 000 Hz. Deshalb hören manche ältere Menschen das Zirpen der Grillen nicht mehr, weil die hohen Frequenzen des Zirpens oberhalb ihrer Hörgrenze liegen.

Technische Schallempfänger Genau so wie unser Ohr ist auch ein **Mikrofon** (→B2) ein Schallempfänger. Der ankommende Schall regt im Mikrofon eine Membran zum Schwingen an. Diese Schwingung wird dann auf ein elektronisches System übertragen. Mikrofone benötigt man beispielsweise zum Aufnehmen von Geräuschen oder von Musik oder um leise Geräusche oder Sprache mit einem Verstärker laut hörbar zu machen.

Mikrofone spielen auch in **Hörgeräten** (→B3) eine große Rolle. Hörgeräte helfen Menschen mit Schwerhörigkeit. Sie werden in den Gehörgang eingesetzt und bestehen aus einem Mikrofon, einem Verstärker und einem Lautsprecher.

Das Ohr

1 Kreuze an, welche Aussagen über das Ohr richtig sind.

- ☐ Hammer, Amboss und Steigbügel sind die Gehörknöchelchen.
- ☐ Das Ohr beherbergt nur den Hörsinn.
- ☐ Das Ohr wird in 3 Bereiche eingeteilt: Außenohr, Mittelohr und Innenohr.
- ☐ Hammer, Amboss und Steigbügel sind die Sinneszellen des Ohrs.
- ☐ Im Ohr gibt es neben dem Hörsinn auch den Gleichgewichtssinn.

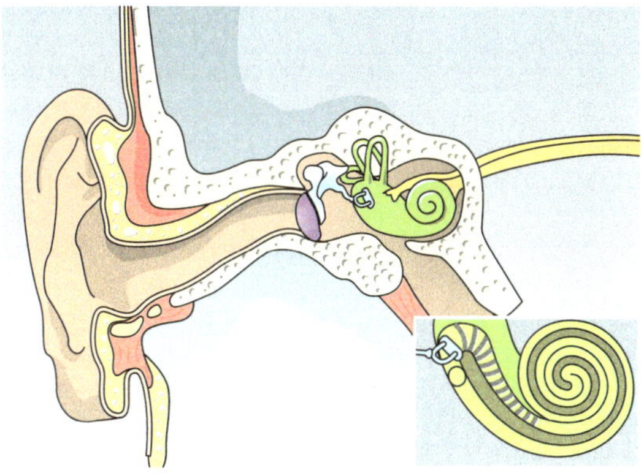

2 Trage in die Tabelle die Aufgaben der verschiedenen Bestandteile des Ohrs ein.

Die Ohrmuschel	
Das Trommelfell	
Die Gehörknöchelchen	
Die Sinneszellen	
Der Hörnerv	

3 Im Straßenverkehr ist es wichtig, dass du hörst, aus welcher Richtung beispielsweise ein schnelles Auto kommt. Du brauchst dazu aber zwei Ohren. Erkläre mithilfe des Bilds, wie dein Gehirn die Richtung des Schalls ermittelt.

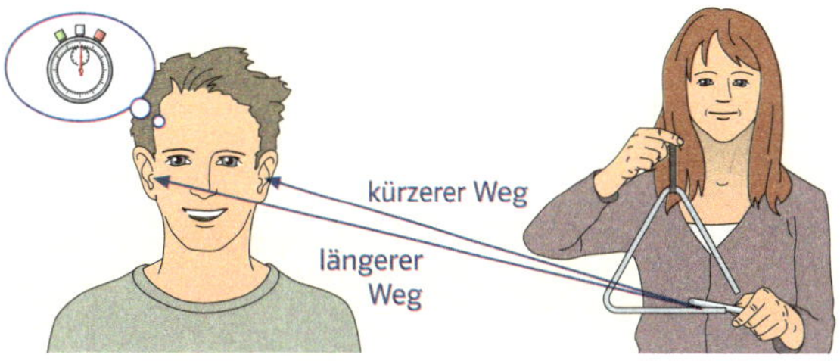

kürzerer Weg

längerer Weg

_____

_____

_____

_____

_____

Lärm schädigt unser Wohlbefinden!

Aufheulende Motoren, startende Passagierjets, quietschende Bremsen von Zügen, Rasenmäher usw. sind akustische Erscheinungen unserer modernen Umwelt.

Diese Art von Schall, den ein Mensch als störend oder sogar schmerzhaft empfindet, nennt man Lärm. Eine repräsentative Umfrage ergab, dass 50 % der Großstadtbewohner über zu hohen Straßenlärm und 40 % über Fluglärm klagen. Schienenlärm, Lärm aus der Industrie und aus dem Gewerbe belästigen die Bevölkerung deutlich weniger. Aber auch hier kann es passieren, dass durch das zeitgleiche Auftreten des Lärms dieser als störend empfunden wird. Eine starke oder dauerhafte Lärmbelästigung kann zu gesundheitlichen Schädigungen führen.

Als Maß für die Lautstärke wird das Dezibel (dB) verwendet. Der Schmerzschwelle entsprechen 130 dB. Sehr große Lautstärken können Trommelfell und Teile des Innenohres beschädigen oder sogar zerstören. Um Schädigungen durch Lärm einschätzen zu können, hat man folgende Klassifizierung vereinbart (→ B1):
- Lärmstufe 1: 35 – 65 dB, psychische Beeinträchtigung, z. B. der Konzentrationsfähigkeit;
- Lärmstufe 2: 65 – 85 dB, psychische und physische Störungen, vorwiegend im Bereich des vegetativen Nervensystems (Nervosität, Herz- und Kreislaufbeschwerden, Verdauungsstörungen, Kopfschmerzen, Schlaflosigkeit, allgemeine Leistungsabnahme);

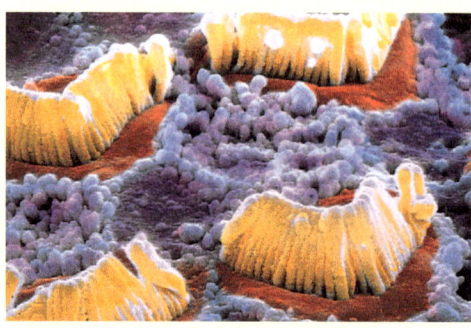

B2 Haarzellen

- Lärmstufe 3: 85 – 120 dB, bei Dauereinwirkung irreversible Lärmschwerhörigkeit möglich;
- Lärmstufe 4: über 120 dB, unmittelbare Schädigung des Gehörorgans.

Dabei ist besondere Vorsicht geboten, da das Lärmempfinden sehr unterschiedlich ist und unter anderem von der Einstellung des Hörers abhängt. In Diskotheken z. B. werden besonders hohe Lautstärken von den Zuhörern nicht als störend empfunden. Leider ändert dies nichts an den teilweise erst zu einem späteren Zeitpunkt auftretenden Nebenwirkungen. So hat eine Untersuchung des Bundesgesundheitsministeriums an 2 000 jungen Männern ergeben, dass über 24 % der untersuchten Personen durch zu laute Musik deutlich messbare Gehörschäden im Frequenzbereich zwischen 2 kHz und 6 kHz aufweisen.

Was richtet Lärm im Innenohr an? In der Schnecke des Innenohres befinden sich etwa 16 000 Hörsinneszellen (Haarzellen), die über Nerven mit dem Gehirn in Verbindung stehen. In der Schnecke des Innenohres wird die Schallwelle wie eine Brandungswelle gebrochen und erregt die Haarzellen (→ B2).

Damit die empfindlichen Haarzellen ständig einsatzbereit sind, müssen sie gut durchblutet sein. Bei anhaltender Anregung der Haarzellen durch starken Lärm werden einige Sinneszellen direkt zerstört oder die Durchblutung wird gestört. Dadurch können ebenfalls Haarzellen absterben. Abgestorbene Haarzellen können nicht nachwachsen. Deswegen sind solche Schäden irreparabel. Fallen viele Haarzellen aus, wird man schwerhörig oder gar taub. Mit Hilfe von Ohrstöpseln kann man sich schnell und wirkungsvoll vor Lärm schützen.

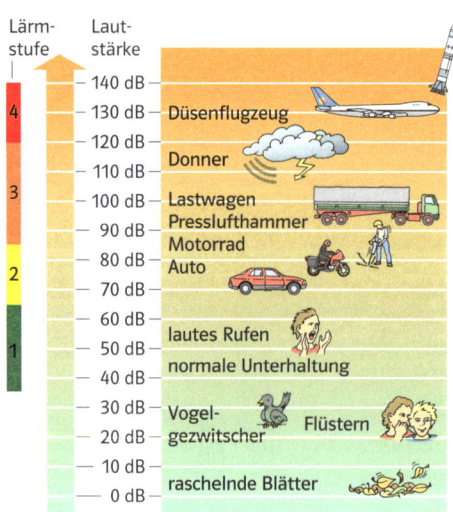

Lärm-stufe	Laut-stärke	
4	140 dB	
	130 dB	Düsenflugzeug
	120 dB	
	110 dB	Donner
3	100 dB	Lastwagen
	90 dB	Presslufthammer
	80 dB	Motorrad / Auto
2	70 dB	
	60 dB	lautes Rufen
1	50 dB	normale Unterhaltung
	40 dB	
	30 dB	Vogelgezwitscher / Flüstern
	20 dB	
	10 dB	raschelnde Blätter
	0 dB	

B1 Lärmstufen

B1 Kleinere Häuser, Gärten und Parks

B2 Lärmschutzwand

Es gibt eine Reihe von Möglichkeiten, unsere Lärmbelastung zu verringern. Am besten ist es natürlich, wenn weniger Lärm erzeugt wird. In einigen Bereichen ist dies leider aber nur begrenzt möglich, so dass man sich Lärmschutzvorrichtungen überlegt hat. Für den Straßenverkehr gibt es ein paar Maßnahmen, die zur Lärmreduzierung beitragen.

1 Mit Umgehungsstraßen kann der Durchgangsverkehr von Innenstädten und Ortskernen ferngehalten werden.

2 Durch Geschwindigkeitsminderungen von 50 km/h auf 30 km/h in Wohngebieten sinkt der Lärmpegel um 3 dB.

3 Beim Bau von Straßen ist besonders auf glatte Oberflächen und auf den Einsatz von geräuscharmen Fahrbahnbelägen zu achten.

4 Entlang vieler Bundesstraßen und Autobahnen, die durch Wohngebiete führen, werden Lärmschutzwände (→ **B2**) errichtet.

5 Durch schalldämpfende Maßnahmen an Kraftfahrzeugen kann der Straßenlärm erheblich reduziert werden. Hierzu zählen:

– Verkapselung von Dieselmotoren mit schalldämmenden Materialien

– Einsatz von geräuscharmen Bereifungen bei allen Fahrzeugen.

– Einsatz von Schalldämpfern in Auspuffanlagen, die den internationalen Normen entsprechen.

Eine besondere, natürliche Maßnahme ist die Anlage von sogenannten „Grünen Zonen" (→ **B1**). Parks und Gärten sowie Bäume, Sträucher und Hecken tragen durch ihre Fähigkeit Lärm zu „verschlucken" dazu bei, die Lärmbelastung zu reduzieren. Zudem verbessern die Pflanzen als Sauerstoffspender die Lebensqualität.

Im Bereich des Wohnungsbaus hat sich das Schallschutzfenster als eine wirksame Maßnahme gegen zu große Lärmbelästigung erwiesen (→ **B3**). Die Dreifachverglasung dämmt den Schall genauso gut wie das Mauerwerk. Leider gilt aber hier, dass diese Maßnahme ihre Wirkung nur bei geschlossenem Fenster entfaltet. Von den Wänden eines Raumes wird der Schall hin- und herreflektiert. Dadurch entsteht ein Nachhall, der außerordentlich störend wirken kann. Will man den Nachhall insbesondere in Büro- oder Arbeitsräumen verringern, so benutzt man Lochplattenflächen (→ **B4**). Der Schall dringt durch die Lochplatte und wird im Dämmstoff absorbiert. Durch diese Wandverkleidung kann man Reflexion und Nachhall fast völlig beseitigen. In einem solchen Raum klingen die Stimmen wie auf freiem Feld, wo ebenfalls ein Nachhall kaum registriert wird.

■ **A1** ● Erstelle ein Plakat zum Lärmschutz in deinem Wohngebiet und bereite einen Kurzvortrag vor.

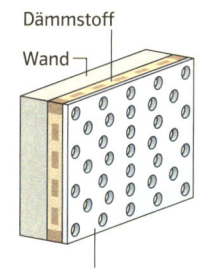

B4 Schallschluckende Lochplattenfläche

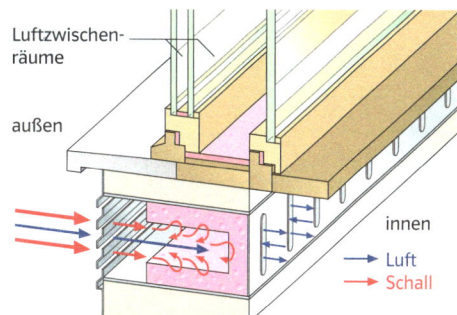

B3 Aufbau eines Schallschutzfensters

1 In den folgenden Abbildungen ist jeweils die Schwingungskurve desselben Tons eingezeichnet. Zeichne in jedes Diagramm die Schwingungskurve eines zweiten Tons ein, der im Vergleich zum vorgegebenen Ton die jeweils angegebene Eigenschaft erfüllt:

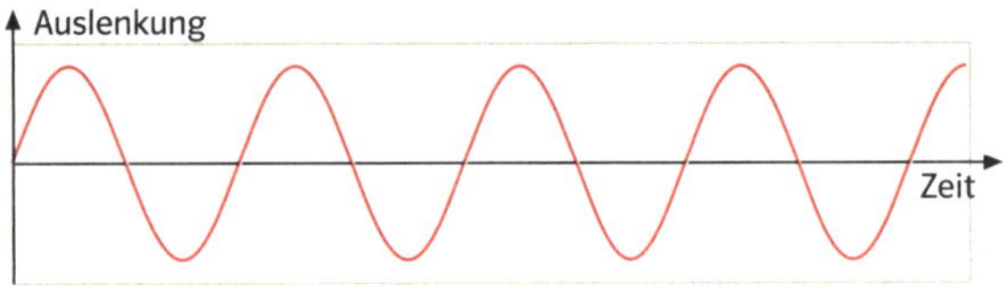

Auslenkung — Zeit

Zweiter Ton mit gleicher Frequenz, aber geringerer Lautstärke

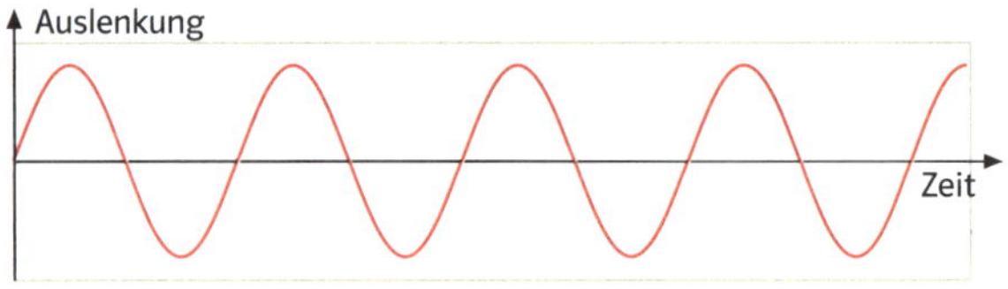

Auslenkung — Zeit

Zweiter Ton mit gleicher Lautstärke und doppelter Tonhöhe

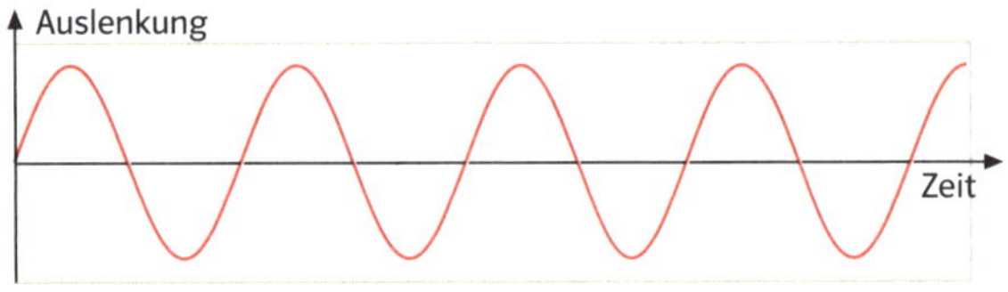

Auslenkung — Zeit

Zweiter Ton mit gleicher Lautstärke, aber anderer Klangfarbe

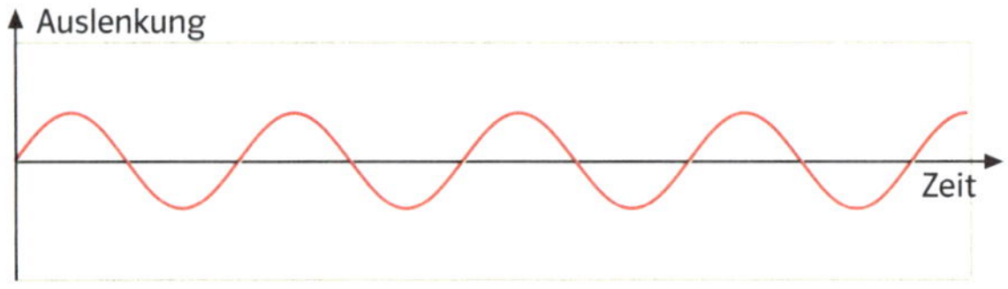

Auslenkung — Zeit

Zweiter Ton mit der halben Tonhöhe und größerer Lautstärke

2 Schall breitet sich in Luft langsamer aus als beispielsweise in Beton. Um zu zeigen, wie sich Schall ausbreitet, können mehrere Schüler eine Kette bilden, sodass jeder die Schulter des Vordermanns berührt.

Wenn du mit einer Stimmgabel einen Ton erzeugst, wird in diesem Modell der erste Schüler dieser Kette leicht angestoßen. Beschreibe die weiteren Vorgänge in diesem Modell.

_____

_____

_____

_____

3 Ergänze den Lückentext zum Hörvorgang im Ohr.

Die _____ fängt den Schall auf und leitet ihn in den _____ . Der

Schall regt das _____ zum Schwingen an. Die _____

sind mit dem Trommelfell verbunden und geben den Schall an die Hörschnecke weiter. Die Sinneszellen

in der _____ wandeln die Schwingungen in elektrische Signale um.

Der _____ leitet diese Signale an das _____ weiter. Wir hören.

Surftipp
ed4n2r

Licht und Wechselwirkung

Beschreibe die unterschiedlichen Lichterscheinungen.

Vom Sehen

■ **V1** Tina leuchtet Peter mit der Taschenlampe an. Sie berichtet, dass sie zwar Peter, aber nicht die Glühlampe sehen kann. Peter dagegen kann die Glühlampe sehen. Tina sieht er nicht.

■ **V2** Schalte am Abend in einem Zimmer eine Lampe an. Nimm ein Buch und versuche an verschiedenen Stellen des Zimmers im Buch zu lesen. Wo kannst du am besten lesen?

B1 Zu Versuch 1

Glühlampe
seit
Ende
19. Jh.

Energiesparlampe
seit
Ende
20. Jh.

Leuchtdiode
seit
Anfang
21. Jh.

B2 Lichtquellen

Lichtquellen und Lichtempfänger   Jeder weiß, dass man in einem dunklen Raum, mit geschlossenen Augen oder in „stockdunkler" Nacht nichts sieht. Wir brauchen Licht zum Sehen. Das Licht muss dazu in unser Auge gelangen.

Gegenstände, die Licht erzeugen, nennt man **Lichtquellen**. Beispiele dafür sind die Sonne, eine brennende Kerze, eine Glühlampe. In der Randspalte kannst du einige der neueren Lichtquellen sehen, die der Mensch im Laufe von 5 000 Jahren erfunden und mit immer verbesserter Technik weiter entwickelt hat (→ **B2**).

In unser Auge gelangt jedoch auch Licht von Gegenständen, die nicht selbst leuchten. In diesem Fall gelangt das Licht von einer Lichtquelle; z. B. einer Schreibtischlampe, zu einem Gegenstand, z. B. einem Buch, und von dort in das Auge (→ **B3**).

Die meisten Dinge, die wir sehen, sind keine Lichtquellen, sondern **beleuchtete Gegenstände**. Auch der Mond ist hierfür ein Beispiel:

Er wird von der Sonne beleuchtet – das Sonnenlicht gelangt über die Mondoberfläche in unser Auge.

Wenn wir einen Gegenstand sehen, dann sagen wir auch: „Wir schauen diesen Gegenstand an." Physikalisch ist es aber so, dass das Licht vom Gegenstand kommt und in unser Auge gelangt. In der Abbildung **B4** ist dies dargestellt – das Auge ist in diesem Fall der **Lichtempfänger**. Ein anderes Beispiel für einen Lichtempfänger ist der Film in einem Fotoapparat. In Digitalkameras befindet sich an Stelle des Films ein elektronischer Bildsensor als Lichtempfänger.

● **Einen Gegenstand kann man nur sehen, wenn von ihm Licht ausgeht und in unser Auge gelangt.**

Gegenstände, die selbst kein Licht erzeugen, kann man also nur sehen, wenn sie von einer Lichtquelle beleuchtet werden. Das Licht gelangt dann zum Gegenstand und von dort in unser Auge.

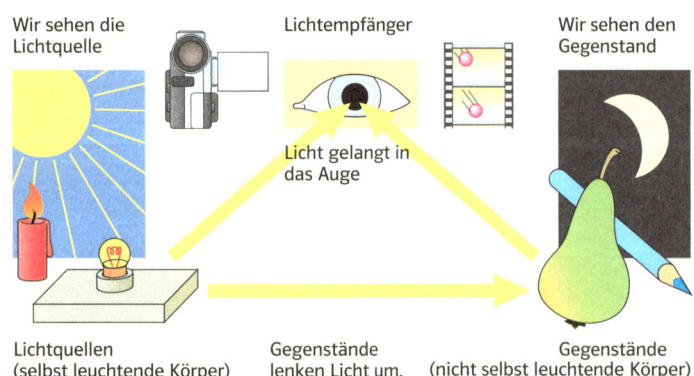

Wir sehen die Lichtquelle

Lichtempfänger

Licht gelangt in das Auge

Wir sehen den Gegenstand

Lichtquellen (selbst leuchtende Körper)

Gegenstände lenken Licht um.

Gegenstände (nicht selbst leuchtende Körper)

B3 Wann sehen wir etwas?

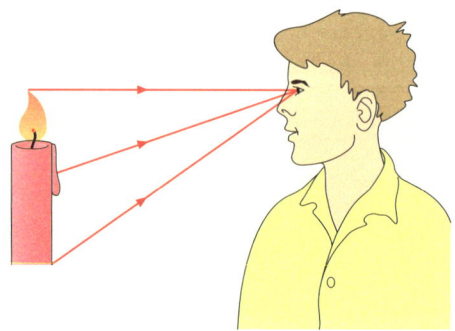

Beachte: Wir schauen zum Gegenstand, aber das Licht kommt von ihm.

B4 Strahlen, die den Lichtweg beschreiben

Licht trifft auf Gegenstände

V1 Wir lassen im abgedunkelten Raum ein schmales Lichtbündel aus einer Lampe auf verschiedene Gegenstände (weiße Pappe, schwarze Pappe, Spiegel und Glasscheibe) treffen. Können wir den beleuchteten Gegenstand aus allen Richtungen sehen?

V2 Zusätzlich stellen wir vor und hinter jeden der Gegenstände Spielzeugfiguren (→ **B1**). Kann man die Figuren vor und hinter dem Gegenstand erkennen, d.h., gelangt Licht zu ihnen?

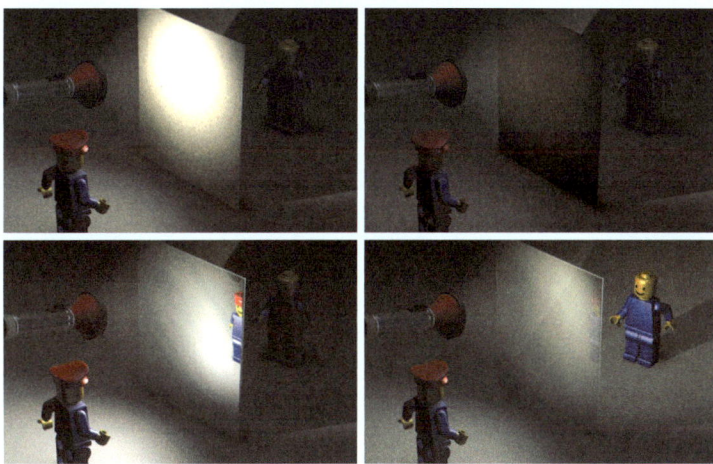

B1 Licht trifft auf verschiedene Körper.

Reflexion Was passiert, wenn Licht auf einen Gegenstand trifft? Eine weiße Pappe und ein Spiegel **reflektieren** das Licht einer Lichtquelle, das heißt: Sie werfen es zurück.

Von der weißen Pappe wird das Licht in alle Richtungen reflektiert – wir können sie aus allen Richtungen sehen und das Licht erreicht einen großen Teil des Raumes. Diese Art der Reflexion nennt man **ungerichtete Reflexion**. Ein Spiegel dagegen reflektiert das Licht nur in eine Richtung, aus allen anderen Richtungen erscheint er dunkel. Man spricht von **gerichteter Reflexion**. Sie tritt nur bei ganz glatten Oberflächen auf. Beim Fahrrad nutzen Rückstrahler (so genannte Reflektoren) die gerichtete Reflexion (→ **B2**). Reflektoren bestehen aus vielen kleinen Flächen, die so angeordnet sind, dass sie das Licht durch mehrfache Reflexion in die Richtung zurückwerfen, aus der es ursprünglich gekommen ist (→ **B3**).

🔴 **Bei gerichteter Reflexion wird ein Lichtbündel von einem Gegenstand nur in eine Richtung reflektiert. Bei ungerichteter Reflexion wird es in viele Richtungen reflektiert.**

B2

B3

Absorption Die meisten Gegenstände sind für Licht undurchlässig. Da sie nur einen Teil des Lichts reflektieren, wird ein weiterer Teil des Lichts von ihnen **absorbiert** (verschluckt).

Eine Glasscheibe reflektiert einen Teil des Lichts, ein anderer wird durchgelassen. Je dicker die Scheibe ist, desto weniger Licht kommt auf ihrer Rückseite an – auch Glas absorbiert einen Teil des Lichts.

🔴 **Licht wird von Gegenständen mehr oder weniger stark durchgelassen, absorbiert oder reflektiert.**

Milchglasscheiben sind zwar lichtdurchlässig, doch wird das Licht in der Scheibe an kleinen weißen eingelagerten Teilchen ungerichtet reflektiert. Daher kann man Gegenstände durch die Scheibe nicht mehr klar erkennen. Man nennt dieses Glas **durchscheinend**, normales Glas dagegen **durchsichtig**.

A1 ◒ In einem dunklen Raum beobachtest du von der Seite, wie Licht auf weißes Papier und einen Spiegel trifft. Erkläre, warum das Papier weiß aussieht, der Spiegel dagegen dunkel.

A2 ⬤ Erkläre, warum eine nasse Fahrbahn im Scheinwerferlicht viel dunkler erscheint als eine trockene.

A3 ◒ Begründe, warum Krankenwagen hinten Milchglasscheiben haben.

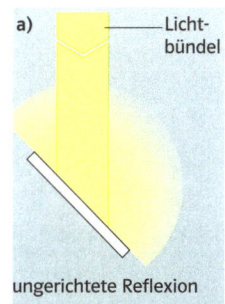

a) ungerichtete Reflexion — Lichtbündel

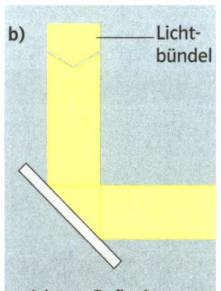

b) gerichtete Reflexion — Lichtbündel

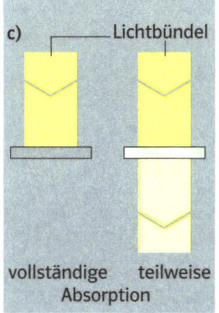

c) Lichtbündel
vollständige / teilweise Absorption

B4 Reflexion und Absorption

Energie unterwegs mit Licht

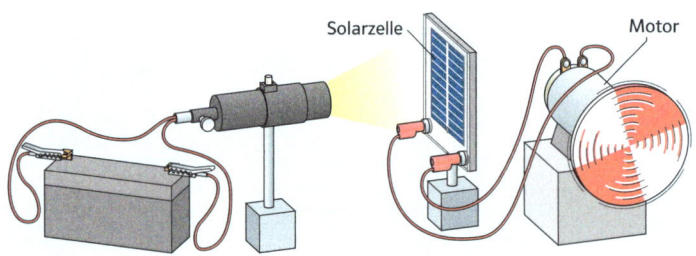

B1 Licht kann Energie transportieren

■ **V1 a)** Schließe einen Elektromotor an eine Solarzelle an. Beleuchte Sie mit einer Lampe (→ **B1**). Sobald Licht auf die Solarzelle trifft, beginnt der Motor zu laufen.

b) Bedecke die Solarzelle teilweise mit einer Pappe. Je mehr von der Solarzelle abgedeckt ist, desto langsamer läuft der Motor.

Licht und Energie Das niederländische Solarmobil „Nuna 3" (→ **B2**) hält beim härtesten Solarrennen der Welt in Australien den Streckenrekord: In 29 Stunden und 11 Minuten legte es eine Strecke von über 3000 km zurück – bei geltenden Straßenverkehrsregeln! Die Energie für das Wettrennen erhielt der Elektromotor des Solarmobils ausschließlich aus dem Sonnenlicht.

Mit dem Sonnenlicht können wir nicht nur sehen, sondern erhalten auch Energie. Dies sehen wir z. B. daran, dass ein schwarzer Körper im Sonnenlicht heiß wird. Die Energie des Lichts können wir aber auch in elektrische Energie umwandeln. Solarzellen werden immer häufiger zum Betrieb von elektrischen Geräten eingesetzt. Sie wirken als elektrische Quellen. Man findet Solarzellen z. B. bei Taschenrechnern, Uhren, Messstationen, Signaleinrichtungen oder Weidezäunen. Sie beziehen ihre

Energie nicht nur kostenlos von der Sonne, sie ersparen uns häufig auch die Herstellung und Entsorgung von Batterien und Akkus.

Der Versuch in Abbildung **B1** verdeutlicht, wie Energie mit dem Licht transportiert wird: Schaltet man die Lampe ein, so setzt sich der Elektromotor in Bewegung. Dies zeigt, dass in ihm Energie umgewandelt wird. Diese Energie hat auf ihrem Weg dorthin mehrere Umwandlungsprozesse durchgemacht (→ **B3**): Sie stammt zunächst aus dem Akku, der sie durch den elektrischen Strom an die Glühlampe abgibt. Mit dem Licht gelangt sie zur Solarzelle. Dort wird sie abermals umgewandelt und erreicht über den elektrischen Strom den Motor. Allerdings gelangt nur ein Teil der vom Akku abgegebenen Energie zum Motor. So wird z. B. in der Glühlampe ein Teil der Energie zur Temperaturerhöhung des Lampengehäuses abgezweigt.

● **Licht transportiert Energie.**

Die Energie, die durch das Licht von der Sonne zur Erde transportiert wird, spielt für das Leben auf der Erde eine große Rolle: Ohne Sonne wäre es hier nicht nur stockdunkel, sondern auch bitterkalt. Körper, z. B. die Erde, die Ozeane, die Luft usw., können Licht absorbieren, sodass ihre Temperatur steigt und wir insgesamt ein erträgliches Klima haben. Die Pflanzen benötigen Licht zum Wachstum. Andererseits sind Pflanzen wieder eine Nahrungsquelle für Menschen und Tiere.

B2 Solarmobil

■ **A1** ○ Nenne Geräte, bei denen eine Solarzelle als elektrische Quelle eingesetzt wird.

■ **A2** ○ Nenne Beispiele aus Natur und Technik, bei denen die vom Licht transportierte Energie zu einer Temperaturerhöhung von Körpern führt.

elektrische Quelle gibt Energie ab	Energie geht über	Lampe Energie wird umgewandelt	Energie geht über	Solarzelle Energie wird umgewandelt	Energie geht über	Motor nimmt Energie auf

B3 Zum Versuch in Abbildung **B1**

Experimente planen und durchführen

Solarzellen und Lichtquellen Aus den vorhergehenden Abschnitten weißt du, dass jede Solarzelle bei Beleuchtung als elektrische Quelle wirkt. Die mit dem Licht transportierte Energie kann in ihr so umgesetzt werden, dass man mit ihr elektrische Geräte, z. B. ein Messgerät, betreiben kann. Der angezeigte Wert am Messgerät ist dann ein Maß für die Energie, die mit dem Licht transportiert wurde. Dabei muss man beachten, dass eine in einiger Entfernung stehende Solarzelle nur einen Bruchteil der Energie aufnimmt, den eine Lichtquelle über das Licht aussendet.

Wovon hängt nun der Wert auf der Anzeige des Messgerätes, also die von der Solarzelle aufgenommene Energie ab, wenn man eine Solarzelle wie in **B4** dargestellt, beleuchtet? Dies kann man mit Experimenten untersuchen.

Experimente sind eine wichtige Untersuchungsmethode in der Physik. Wie man dabei vorgeht zeigt das folgende Beispiel.

Problem: Wovon hängt der Wert auf der Anzeige des Messgerätes in Abbildung **B4** ab, wenn man die Solarzelle beleuchtet?

Vermutung:
1 beleuchtete Fläche der Solarzelle
2 Farbe des Lichts
3 Abstand der Lichtquelle von der Solarzelle
4 Art der Lichtquelle (z. B. Taschenlampe, Experimentierleuchte)

Versuchsplanung: Bei der Versuchsplanung muss beachtet werden, dass man nicht zwei Dinge gleichzeitig verändert (z. B. Abstand und Farbe des Lichtes), da man sonst nicht herausfinden kann, wovon die Beobachtung im Versuch (z. B. Anzeige des Messgerätes) abhängt.

Material: siehe Abbildung **B1**
Versuchsaufbau: Baue den Versuch wie in Abbildung **B4** dargestellt auf.

V1 (zu Vermutung 1) Die Experimentierlampe hat einen festen Abstand von 10 cm zur Solarzelle. Lies das Messgerät bei unabgedeckter, bei ¼, ½ und ¾ mit Pappe abgedeckter Solarzelle ab.

V2 (zu Vermutung 2) Die Experimentierlampe hat einen festen Abstand von 10 cm zur unabgedeckten Solarzelle.

Lies das Messgerät bei verschieden farbigen Folien vor der Lampe ab.

V3 (zu Vermutung 3) Vor der Experimentierlampe befindet sich keine farbige Folie. Die Solarzelle ist unabgedeckt. Lies das Messgerät ab, wenn der Abstand der Lampe von der Solarzelle 5 cm, 10 cm, 15 cm, 20 cm und 25 cm beträgt.

V4 (zu Vermutung 4) AUFTRAG: Überlege, wie der Versuch durchgeführt werden muss.

Versuchsdurchführung: Führe die Versuche **V1** bis **V4** durch. Arbeite konzentriert und sorgfältig.

Beobachtung/Ergebnis: Schreibe deine Beobachtung zu jedem Versuch auf und formuliere das Ergebnis in einem „Je …, desto …"-Satz.

Ergebnis: Beantworte die Problemfrage.

A1 Wer hat die hellste Taschenlampe? Gib ein Prüfexperiment zum Helligkeitsvergleich von Taschenlampen an (Aufbau, Durchführung). Welche Bedingungen musst du für einen fairen Vergleich beachten?

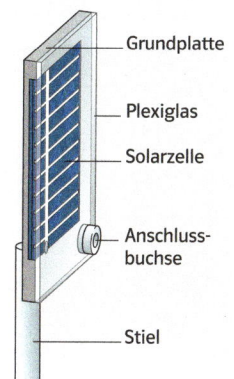

B3 Solarzelle mit Gehäuse

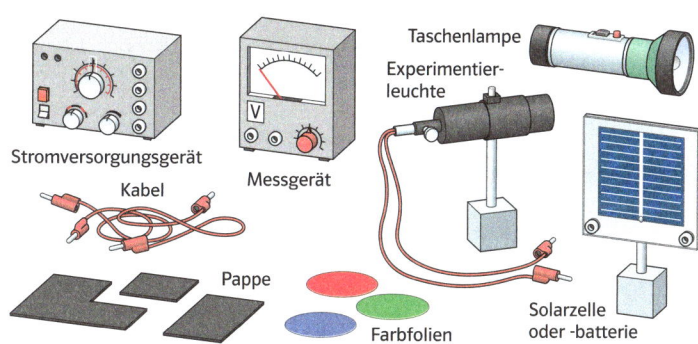

B1 Material für die Versuche

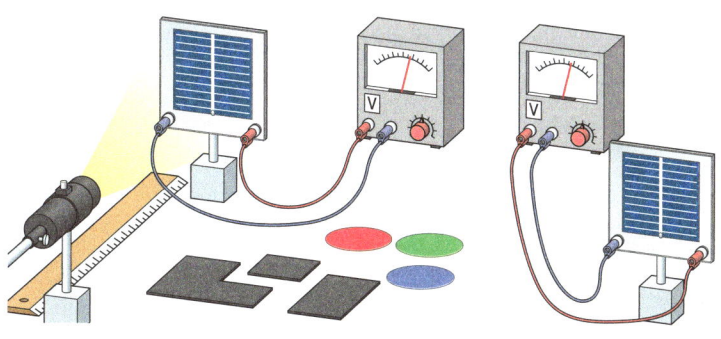

B2 Versuchsaufbau

B4

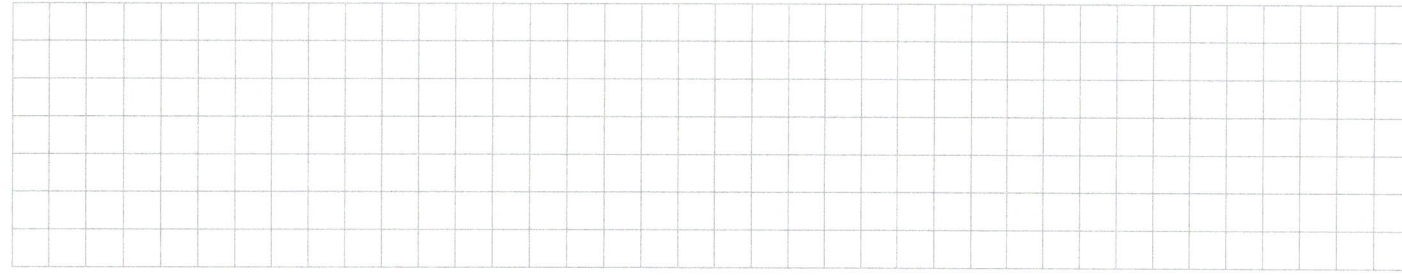

Licht breitet sich geradlinig aus

B1

■ **V1** Eine Glühlampe mit kleinem Glühdraht lässt enge Lichtbündel durch Löcher in einem Pappkarton austreten. Durch Rauch oder versprühtes Wasser werden die Lichtbündel sichtbar gemacht (→ **B1**). Beschreibe den Verlauf der Lichtbündel.

■ **V2** Lege ein Blatt Papier auf eine Styroporplatte und stecke zwei Stecknadeln durch das Papier in die Platte. Halte die Platte so, dass du mit einem Auge direkt über dem Papier die Nadeln genau hintereinander siehst!
Stecke weitere Nadeln so ein, dass du sie genau hintereinander siehst! Überprüfe anschließend mit dem Lineal, ob die Einstichstellen auf einer Geraden liegen!

■ **V3** Wir ordnen wie in Abbildung **B2** eine Experimentierleuchte und mehrere Platten mit runden Öffnungen in einer Reihe so an, dass wir einen geraden Stab durch alle Öffnungen schieben können. Wir halten ein Stück weißes Papier als Lichtanzeiger an verschiedene Stellen. Wenn wir Rauch oder Kreidestaub zwischen die Platten bringen, erkennen wir von der Seite ein Lichtbündel.

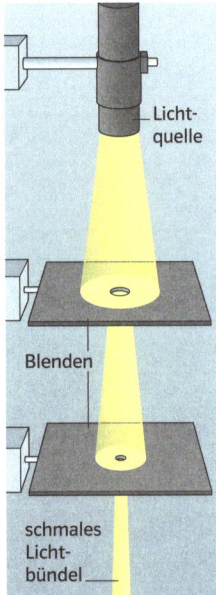

B2 Blenden begrenzen Lichtbündel.

B3 Warnzeichen für Laserlicht

B4 Leuchttürme weisen den Weg.

B5 Laserlicht im Tunnel

Lichtbündel und Lichtstrahlen Scheinwerfer lassen das Licht der eingebauten Lichtquelle meist nur in bestimmte Richtungen austreten. Sie erzeugen ein **Lichtbündel**.

Auch das Sonnenlicht, das durch das Fenster ins Zimmer gelangt, oder das Licht eines Leuchtturms bilden ein Lichtbündel. Bringt man Rauch oder fein versprühtes Wasser in den Lichtweg (→ **B4**), so erkennt man:

● **Lichtbündel sind stets geradlinig begrenzt.**

Hält man nach der ersten Blende wie in Abbildung **B2** eine zweite mit kleinerer Öffnung in den Lichtweg, so erhält man ein schmaleres Lichtbündel. In Gedanken kann man durch weitere Blenden, mit jeweils kleinerer Öffnung, immer schmalere Lichtbündel erzeugen. Das schmalste Lichtbündel, das man sich vorstellen kann, nennt man einen **Lichtstrahl**. Mit diesem **Modell** werden Richtung und Weg des Lichtes angegeben. Lichtstrahlen lassen sich nicht erzeugen, deshalb verwendet man bei Versuchen ganz schmale Lichtbündel.

Straßen und Schienen führen manchmal durch Tunnel, um eine bessere Verkehrsführung zu erreichen. Damit beim Bau die gewünschte Richtung eingehalten wird, nutzt man die geradlinige Ausbreitung des Lichtes. Als Lichtquellen verwendet man Laser (→ **B5**). Sie liefern schmale, lichtstarke Lichtbündel. Treffen diese ins Auge, können sie allerdings erheblichen Schaden verursachen. **Deshalb darf der direkte Laserstrahl nie ins Auge treffen.** Laser werden auch in der Messtechnik, bei Operationen oder bei CD-Spielern eingesetzt.

■ **A1** ◔ Erkläre, warum man in dem Foto **B5** den Laserlichtstrahl sieht.

■ **A2** ◔ Beobachte im Dunkeln den Lichtkegel einer Taschenlampe, wenn das Lichtbündel entlang einer Wand verläuft. Beschreibe das Bild auf der Wand.

Ausbreitung des Lichts

1 Du sitzt am Tisch und liest ein Buch. Welche Zeichnung beschreibt den Weg des Lichts richtig?

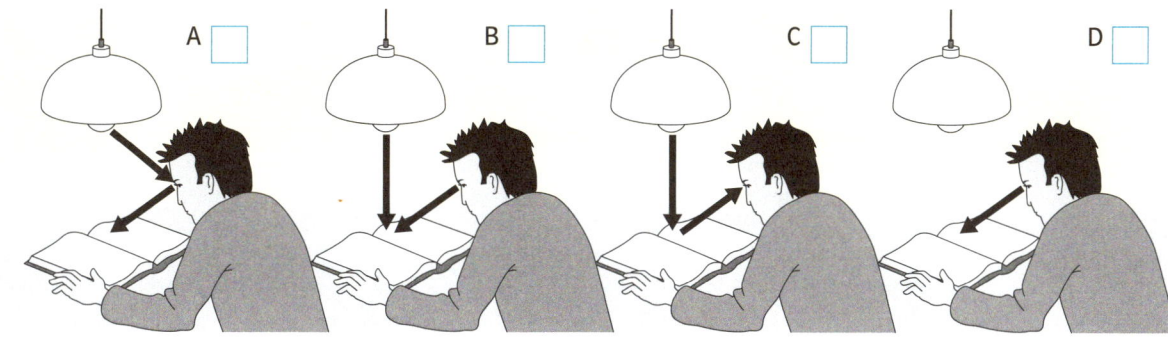

A ☐　　　　B ☐　　　　C ☐　　　　D ☐

Formuliere eine kurze Begründung.

_____

_____

_____

_____

_____

2 Welche im Bild zu sehenden Körper sind selbst leuchtende Körper (Lichtquellen), welche sind beleuchtete Körper? Trage die Namen in die Tabelle ein.
Ordne auch die folgenden Körper ein: Autoscheinwerfer bei Nacht, Fußball, Zahnbürste, Katze, brennende Kerze, Baum, Reflektor am Fahrrad, Brille

selbst leuchtende Körper	beleuchtete Körper

3 In einer Höhle mit fünf Ausgängen brennt eine Kerze. Von außen siehst du nur, dass einige Bereiche von der Lichtquelle beleuchtet sind. Finde bei der nebenstehenden Abbildung heraus, wo sich die Kerze befindet und markiere die Stelle.

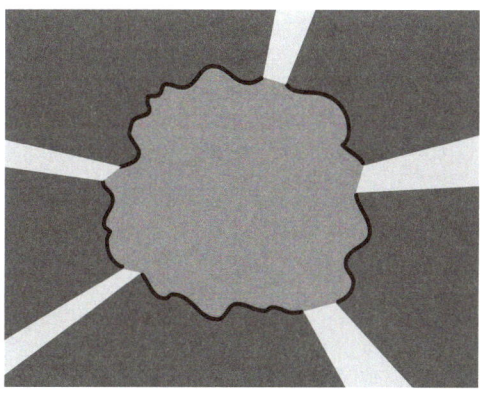

Licht und Schatten

B1

■ **V1** Wir beleuchten eine Wand mit einer Glühlampe, deren Glühwendel kurz ist. Zwischen dieser Lichtquelle und der Wand steht ein Schüler. Wir sehen einen scharf begrenzten Schatten des Schülers. Nun stellen wir neben die erste Glühlampe eine zweite. Wir sehen jetzt zwei Schatten, die sich überschneiden können (→ **B1**).

■ **V2** Im Versuch **V1** verändern wir den Abstand zwischen den beiden Lichtquellen. Mit einem Papierblatt stellen wir fest, dass der ganz dunkle Bereich hinter dem Schüler spitz zuläuft und ein Ende hat! Hinter diesem Ende finden wir sogar wieder einen ganz hellen Raumbereich!

B2 Schattentheater

■ **V3** Wir wiederholen Versuch **V1** mit nur einer Glühlampe und verändern die Entfernungen zwischen Lichtquelle, Gegenstand und Schirm. Wir stellen fest, dass die Schattengröße von den Entfernungen abhängt.

■ **V4** Mit einer hellen Lampe und einem Bettlaken kannst du ein Schattentheater (→ **B2**) einrichten. Bei größerem Abstand der Schauspieler vom Bettlaken entstehen Riesen! Probiere, ob man auch Zwerge machen kann.

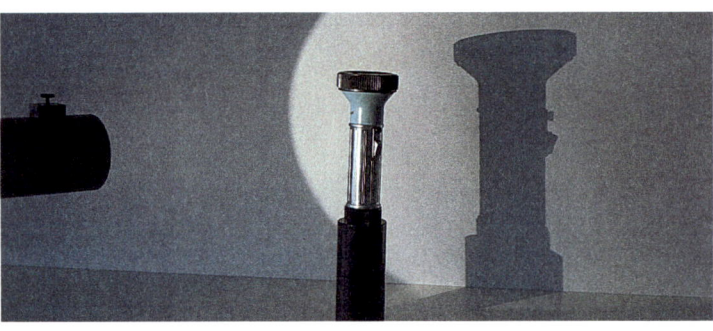

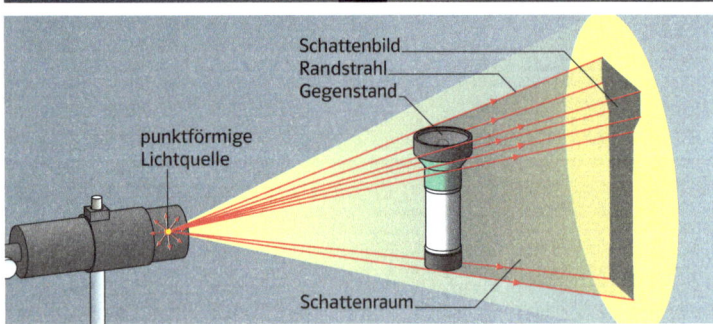

B3 Schattenbild eines Körpers und Erklärung mit Hilfe der Randstrahlen

Schattenraum und Schattenbild Trifft ein Lichtbündel auf einen lichtundurchlässigen Gegenstand, so bleibt der Raum hinter dem Gegenstand dunkel (→ **B3** oben). Dieser lichtfreie Bereich heißt **Schattenraum.**

Auf den Gegenstand trifft ein Lichtbündel. Aufgrund der geradlinigen Ausbreitung kann kein Licht in den Schattenraum gelangen. Die Lichtstrahlen, die gerade noch an dem Gegenstand vorbeigehen, begrenzen den Schattenraum (→ **B3** unten). Sie heißen **Randstrahlen** und legen auf der Wand oder auf einem Schirm das **Schattenbild** fest.

● **Beleuchtet man einen undurchsichtigen Gegenstand, so entsteht hinter ihm ein Bereich ohne Licht, der Schattenraum.**

Das Schattenbild hat nur dann einen scharfen Rand, wenn die Lichtquelle sehr klein – nahezu **punktförmig** – ist. Die kurze Glühwendel der Glühlampe erfüllt diese Bedingung recht gut. Solche Lichtquellen heißen auch **Punktlichtquellen.** Ausgedehnte Lichtquellen ergeben verschwommene Schattenränder.

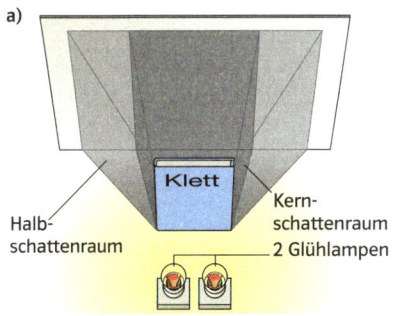
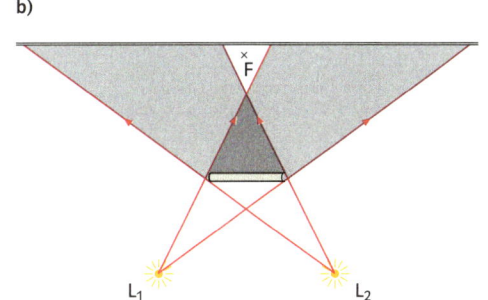
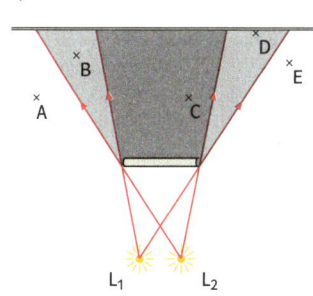

a)

Halb-schattenraum

Kern-schattenraum

2 Glühlampen

b)

F

L₁ L₂

c)

A B C D E

L₁ L₂

B1 Entstehung von Kern- und Halbschattenräumen bei zwei punktförmigen Lichtquellen

Kernschatten und Halbschatten Beleuchtet man einen Gegenstand mit zwei punktförmigen Lichtquellen, so entstehen komplizierte Schattenräume (→B1a). Stehen die Lichtquellen zunächst etwas weiter auseinander, beobachtet man zwei Schatten auf dem Schirm. Schiebt man die Lichtquellen näher zusammen, dann überdecken sich die Schattenräume teilweise. Der besonders dunkle Bereich in der Mitte ist der **Kernschattenraum**. Ihm schließen sich zwei schwach beleuchtete Gebiete, die **Halbschattenräume**, an. Daran grenzen dann die hell beleuchteten Außenbereiche.

Die geradlinige Ausbreitung des Lichts hilft auch hier bei der Erklärung: Von jeder der beiden Lichtquellen L_1 und L_2 geht ein Lichtbündel aus. Sie erzeugen hinter dem Gegenstand einen Schattenraum. Ist der Abstand der Lampen größer als die Breite des Gegenstands (→B1b), dann ergibt sich hinter dem Gegenstand ein eng begrenzter, unbeleuchteter Kernschattenraum. Da der Schirm weiter von dem Gegenstand entfernt ist, sieht man nur die einzelnen, von L_1 bzw. L_2 herrührenden Schattenbilder und der Punkt F in **B1b** erhält Licht von beiden Lichtquellen.

In Abbildung **B1c** stehen die Lampen eng beieinander. Die Punkte A und E sind im hellen Gebiet, da sie von beiden Lichtquellen beleuchtet werden. Zu Punkt B gelangt nur das Licht von L_1, zu D nur das von L_2. Beide gehören zum Halbschattenraum. C liegt im Kernschattenraum, da weder von L_1 noch von L_2 Licht zu C gelangt.

● **Zwei punktförmige Lichtquellen erzeugen hinter einem undurchsichtigen Gegenstand einen Kernschattenraum und Halbschattenräume.**

Große und kleine Schatten Die Größe des Schattenbildes hängt von der Größe des Gegenstands ab, der den Schatten erzeugt (→B2a). Aber auch die Abstände Lichtquelle – Gegenstand und Gegenstand – Schirm beeinflussen die Größe des Schattenbildes (→B2b).

● **Das Schattenbild eines Gegenstands wird umso größer, je kleiner sein Abstand von der Punktlichtquelle ist. Er ist bei einem größeren Gegenstand größer als bei einem kleineren.**

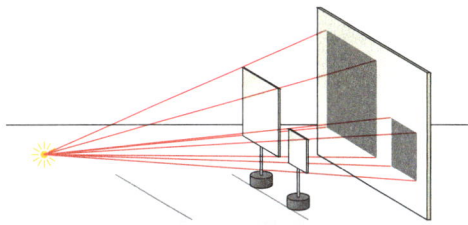

B2a Größe von Gegenstand und Schattenbild

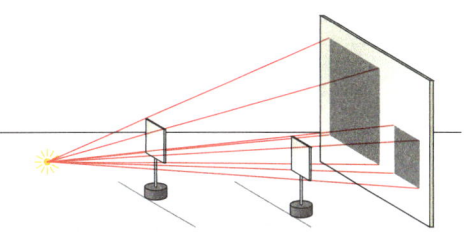
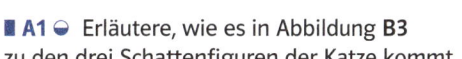

B2b Schattenbildgröße und Abstände

■ **A1** ◔ Erläutere, wie es in Abbildung **B3** zu den drei Schattenfiguren der Katze kommt.

■ **A2** ◔ Beschreibe, wie man die Grenzen von Schattenräumen vorhersagen kann.

■ **A3** ● Im Gegensatz zu einer Glühlampe oder einem Scheinwerfer wirft eine Leuchtstoffröhre keinen scharfen Schatten. Erkläre dies!

Merke: Das Modell des Lichtstrahls bewährt sich bei der Konstruktion von Schattenbildern

B3 Bei Nacht auf der Straße

Kernschatten und Halbschatten

1 Der Schüler wurde für das Foto unterschiedlich beleuchtet.
a) Trage die Namen der Schattenarten in Bild 2 ein.

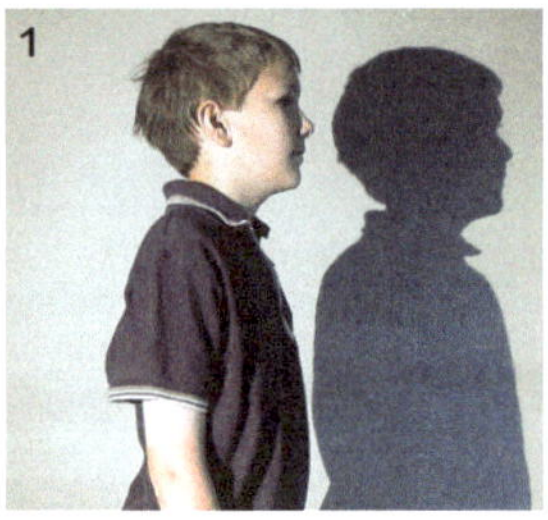

b) Beschreibe die Raumbeleuchtung für beide Bilder.

Bild 1: _____

Bild 2: _____

2 Ein Schattenexperiment wird von oben betrachtet. Es werden zwei punktförmige Lampen verwendet, die 2 cm Abstand haben. Sie strahlen ein Stück weiße Pappe an (1 cm breit), das von den Lichtquellen 8 cm entfernt steht. Auf dieser Wand, 12 cm von den Lichtquellen entfernt, erscheint dann das Schattenbild.
a) Zeichne auf die optische Achse im folgenden Bild die Versuchsbestandteile (von oben gesehen) ein.
b) Zeichne in den Versuchsaufbau die Randstrahlen ein und beschrifte die Schatten an der Wand mit Halbschatten (H) und Kernschatten (K).

3 Beschreibe, wie sich Kern- und Halbschatten in Aufgabe 2 ändern, wenn …

a) … die punktförmigen Lichtquellen in Aufgabe 2 näher zusammenrücken. Ergänze den Lückentext.

Der Kernschatten wird _____ , die Halbschatten werden _____ .

Liegen beide Lampen auf einer Stelle, _____ die Halbschatten völlig.

b) … die Wand weiter nach rechts rückt.

_____

_____

_____

Reflexion und Streuung von Licht

V1 Wir legen einen Spiegel, ein Stück leicht zerknitterte Aluminiumfolie und ein weißes Blatt Papier auf einen dunklen Karton. Im verdunkelten Klassenzimmer beleuchten wir sie von der Seite mit einer Experimentierleuchte (→**B1**).

Aus allen Richtungen sieht man das weiße Papier gleich hell. Der Spiegel dagegen erscheint – für die meisten Betrachter – dunkel, ebenso große Teile der Aluminiumfolie. Nur aus einer bestimmten Richtung erscheint der Spiegel hell. Drehen wir die Folie, so leuchtet sie an anderen Stellen.

V2 Das linke Rohr in Bild (→**B2**) enthält an einem Ende eine LED als Lichtquelle. Das Rohr ist auf einen Spiegel gerichtet.
Blicke durch ein zweites Rohr und versuche die Lichtquelle zu sehen. Es gelingt nur, wenn die Rohre so wie in Bild **B2** ausgerichtet sind. Von oben gesehen müssen die Rohre eine gerade Linie bilden. Wenn man beide Rohre vertauscht, sieht man das Licht auch.

B1 Licht wird umgelenkt.

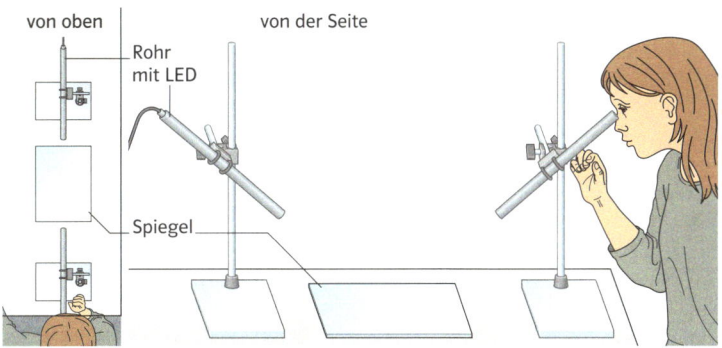

B2 Licht gelangt über den Spiegel ins Auge.

Licht wird umgelenkt Ein Stück Papier können wir aus allen Richtungen sehen, denn es lenkt das Licht einer Lichtquelle in alle Richtungen um (→**B3a**). Licht wird vom Papier ungerichtet reflektiert oder **gestreut**. Von einem Spiegel wird ein Lichtbündel vollständig in eine bestimmte Richtung umgelenkt (→**B3b**). Es wird gerichtet **reflektiert**.

Der Lichtweg bei der Reflexion Mit einem schmalen Lichtbündel lässt sich der Weg des Lichtes bei der Reflexion verfolgen. Auf einem Blatt Papier wird er sichtbar (→**B4**). Wir nennen das zum Spiegel laufende Bündel das einfallende Bündel. Man kann feststellen: Auch das reflektierte Bündel verläuft ebenfalls auf dem Papier.

In der Physik wurde vereinbart, Lichtwege durch die Winkel zwischen dem Bündel und dem Lot zum Spiegel zu kennzeichnen (→**B4**). Es zeigt sich das Reflexionsgesetz:

● **Bei der Reflexion liegen einfallendes, reflektiertes Lichtbündel und Lot in einer Ebene. Bei der Reflexion sind Einfallswinkel und Reflexionswinkel gleich groß.**

Einfallendes und reflektiertes Bündel lassen sich vertauschen, ohne dass sich etwas anderes ändert. Das bedeutet:

● **Bei der Reflexion ist der Lichtweg umkehrbar.**

Bemerkung:
Das Lot ist die Senkrechte zum Spiegel am Auftreffort des Lichtbündels.

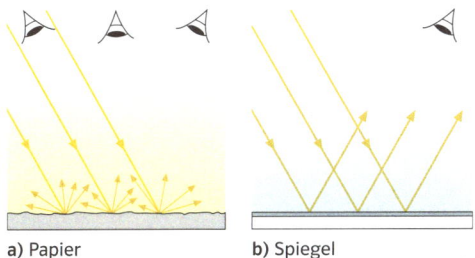

a) Papier b) Spiegel

B3 Alle sehen das Papier und nur einer den Spiegel …

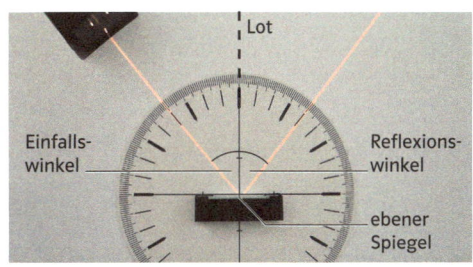

B4 Lichtwege bei der Reflexion

Das Reflexionsgesetz

Überprüfe mit Hilfe eines ebenen Spiegels und drei Stecknadeln das Reflexionsgesetz und die Umkehrbarkeit des Lichtweges. Überlege: Wie lautet das Reflexionsgesetz? Was versteht man unter einem Lot? Wie kann man die Umkehrbarkeit eines Lichtstrahles überprüfen?

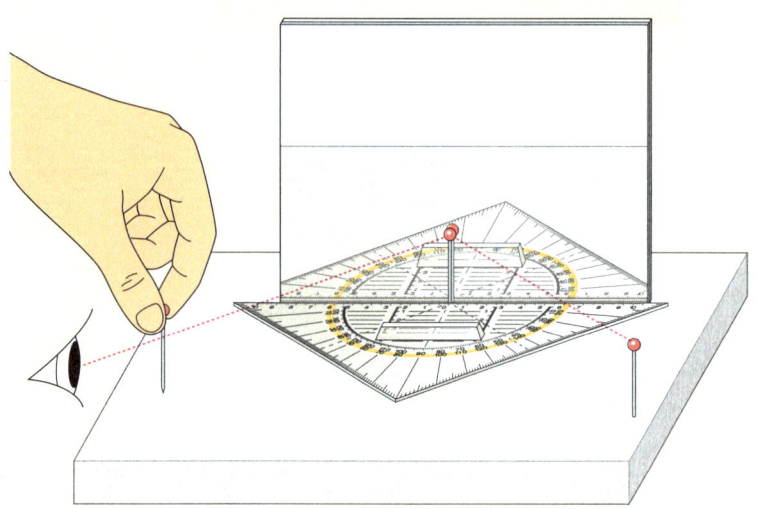

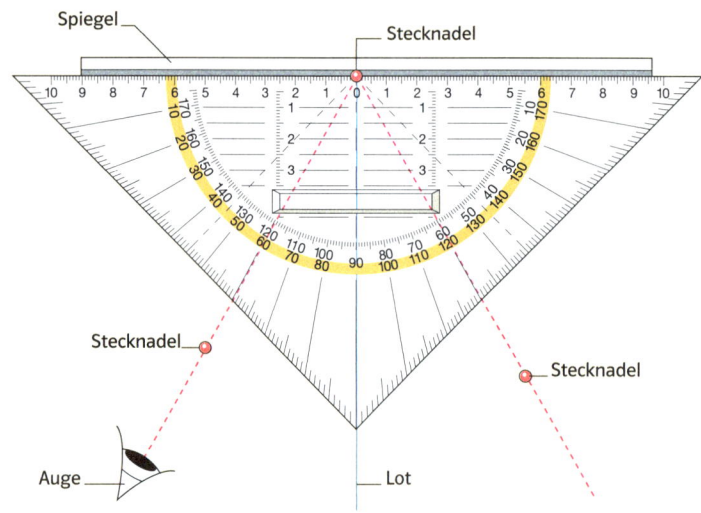

1 Trage deine Messergebnisse in die folgende Tabelle ein.

α	0°	20°	40°	60°	75°	80°
α'						

2 Formuliere das Reflexionsgesetz.

_____

_____

_____

Reflexion des Lichts

1 Setze für die Zahlen in der Abbildung die passenden Begriffe ein.

_____
_____
_____
_____
_____
_____
_____

2 Drei nicht einsehbare Schachteln enthalten einen oder zwei Spiegel, an denen ein Lichtstrahl in der eingezeichneten Weise umgelenkt wird. Zeichne den oder die Spiegel jeweils in der richtigen Lage in die Abbildungen ein.

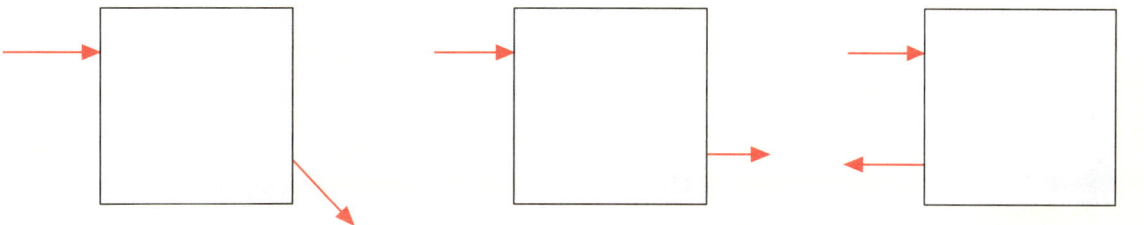

3 Ergänze den Strahlenverlauf.

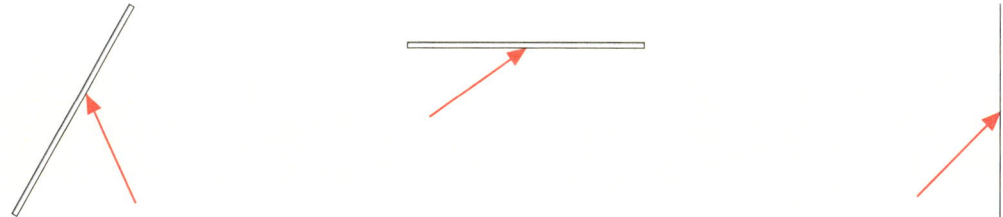

4 Die Abbildung zeigt einen rechtwinkligen Spiegel, auf den drei parallele Strahlen fallen.

a) Wie verlaufen die Lichtstrahlen weiter? Zeichne die reflektierten Lichtstrahlen mit einem farbigen Stift ein, die Hilfslinien mit Bleistift!

b) In welche Richtung werden die Lichtstrahlen reflektiert?

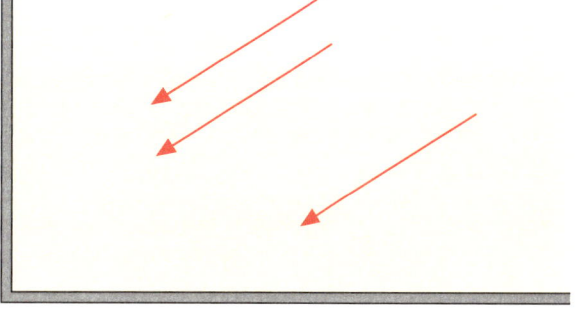

_____
_____

Die Brechung des Lichts

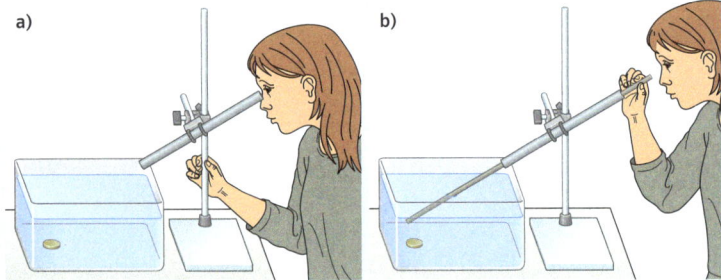

a) b)

B1 Zielen! (a); Treffen? (b)

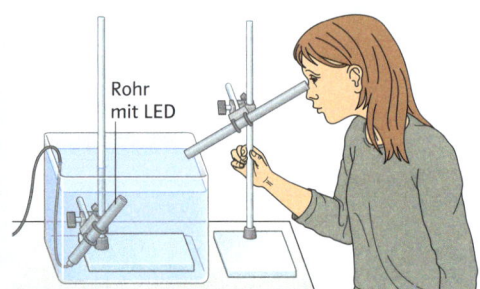

Rohr
mit LED

B2 Der Lichtweg führt durch Wasser und Luft ins Auge.

■ **V1** Auf dem Boden einer mit Wasser gefüllten Wanne liegt eine Münze. Blicke durch ein Rohr, sodass du die Münze siehst (→ **B1a**). Schiebe dann einen geraden Stab durch das Rohr. Er geht über die Münze hinweg (→ **B1b**). Wiederhole, wenn kein Wasser in der Wanne ist.

■ **V2** Lege eine Münze auf den Boden einer Kaffeetasse. Stelle sie so vor dich hin, dass du die Münze gerade nicht mehr siehst (→ **B3a**). Fülle die Tasse mit Wasser. Jetzt siehst du die Münze (→ **B3b**).

■ **V3** Das linke Rohr in Bild (→ **B2**) enthält an einem Ende eine LED als Lichtquelle. Blicke durch ein zweites Rohr und versuche die Lichtquelle zu sehen. Es gelingt nur, wenn die Rohre so wie in Bild **B2** ausgerichtet sind.

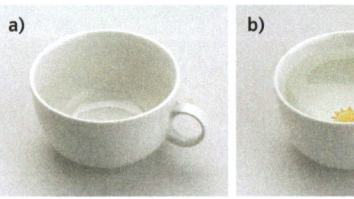

a) b)

B3

B4 Brechung des Lichtes

Der Knick im Lichtweg Wir richten das schmale Lichtbündel einer Experimentierleuchte von unten auf einen wassergefüllten Trog aus Glas. Wir beobachten: In Wasser und in Luft ist der Lichtweg gerade. An der Wasseroberfläche wird ein Teil des Lichtbündels wie an einem Spiegel reflektiert. Der andere Teil verlässt das Wasser und ändert dabei an der Wasseroberfläche seine Richtung (→ **B4**).

Man nennt diese Erscheinung die **Brechung** des Lichtes. Sie kann immer dann beobachtet werden, wenn Licht von einem durchsichtigen Stoff in einen anderen übergeht z. B. von Luft nach Glas.

● **Ein Lichtbündel ändert beim Übergang von einem durchsichtigen Stoff in einen anderen seine Richtung.**

Die Brechung kann man auch beobachten, wenn der Lichtweg umgekehrt wird. Zur Beschreibung der Brechung zeichnet man wie beim Spiegel senkrecht zur Grenzfläche ein Lot und beschreibt das Verhalten des Lichtes durch die Winkel in den beiden Stoffen (→ **B5**).

Die Beobachtung zeigt:
– Trifft das Licht senkrecht auf die Grenzfläche, so ändert sich seine Richtung nicht.
– Der Winkel in Luft ist größer als der Winkel in Wasser.
– Je größer der Winkel in Luft ist, desto größer ist auch der in Wasser.

Die Brechung erklärt, warum man den Boden der wassergefüllten Tasse sehen kann, obwohl keine gerade Sichtverbindung besteht (→ **B6**).

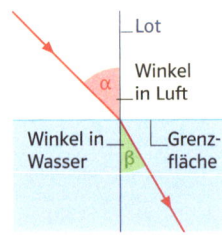

Lot

Winkel
in Luft

α

Winkel in
Wasser

β

Grenzfläche

B5 Winkel beschreiben den Knick.

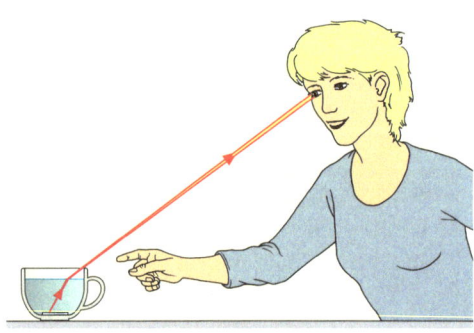

B6 Sehen ohne gerade Sichtverbindung

■ **A1** ◔ Erläutere Abbildung **B6**.

Wie unterscheiden sich die Stoffe? Aus Messungen in Versuchen mit Lichtbrechung erhält man für verschiedene Stoffpaare zueinander gehörende Einfalls- und Brechungswinkel. Für Luft/Glas bzw. Luft/Wasser ergeben sich z. B. die Werte in Tabelle **B1**. Das Diagramm **B2** enthält zusätzlich noch eine Kurve für Luft/Diamant. Man findet:

● **Einfalls- und Brechungswinkel verändern sich typisch für jedes Stoffpaar.**

Bei einem in der Luft von 0° bis nahe 90° wachsenden Einfallswinkel α wächst auch der Brechungswinkel β an. Die Zunahme von β wird jedoch immer geringer. Verwendet man statt weißem rotes oder blaues Licht, so zeigt ein Vergleich, dass das rote Licht immer etwas weniger stark als das blaue gebrochen wird. Dies ist der Grund, dass bei der Brechung von weißen Lichtbündeln farbige Ränder entstehen.

● **Blaues Licht wird stärker als grünes, dieses stärker als rotes Licht gebrochen. Glas bricht Licht stärker als Wasser.**

■ **A1** ○ Welche Messkurve (→ **B2**) ist für „hochbrechendes" Glas zu erwarten?

Das Licht geht über		
von Luft	in Glas	in Wasser
Einfallswinkel α	Brechungswinkel β	
0°	0°	0°
20°	13°	15°
40°	25°	29°
60°	35°	40°
80°	40°	47°
89°	41°	48°

B1 Brechungswinkel für Luft/Glas, Luft/Wasser

„Optisch dichter" nennt man den Stoff, in dem der Winkel des Lichtstrahls zum Lot kleiner ist.

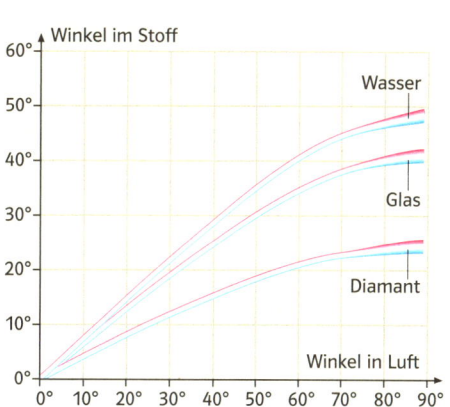

B2 Einfallswinkel in Luft/Brechungswinkel in verschiedenen Stoffen

Brechung in der Atmosphäre

In **B4** sieht man eine Sonne, die nicht mehr kreisrund ist, sondern eine ovale Form hat. Diese Abplattung der Sonne hat ihre Ursache in der Lichtbrechung durch die Lufthülle der Erde. In großer Höhe ist die Luft sehr dünn. Je näher man aber der Erdoberfläche kommt, umso dichter wird sie, weil auf ihr immer mehr darüber befindliche Luft lastet, die sie zusammenpresst. Die optische Dichte der Luft hängt mit der stofflichen Dichte zusammen. Die optische Dichte der Luft wächst deshalb ebenfalls, je näher man der Erdoberfläche kommt.

Das von der Sonne schräg auf die Lufthülle der Erde einfallende Licht wird an den optisch immer dichter werdenden Luftschichten immer mehr zum Lot hin gebrochen. Der Lichtweg ist deshalb immer steiler auf die Erdoberfläche zu gekrümmt. Die Sonne steht deshalb nicht so hoch über dem Horizont, wie es unsere Blickrichtung erscheinen lässt

(→ **B3**). Infolgedessen sehen wir morgens die Sonne schon, wenn sie sich noch um etwa 0,5° unter dem Horizont befindet. Abends steht sie schon 0,5° unter dem Horizont, wenn wir sie erst untergehen sehen. Die längere Sichtbarkeit ergibt eine Verlängerung des Tageslichtes von 2 mal 2 Minuten.

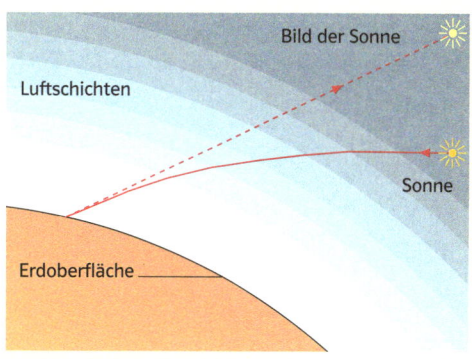

B3 Der gekrümmte Lichtweg

B4 Die ovale Sonne

Die Brechung des Lichts

1 Licht bewegt sich in Luft, Wasser oder Glas geradlinig. Dem scheinen die Bilder zu widersprechen. Erkläre, was hier geschieht.

_____

_____

_____

_____

_____

2 Licht wird bei Übergängen zwischen zwei Stoffen nicht immer in dieselbe Richtung gebrochen. Beschreibe kurz, wovon die Richtung der gebrochenen Lichtstrahlen abhängt.

_____

_____

3 Die folgenden Bilder zeigen verschiedene Strahlengänge. Kreuze die korrekten Bilder an.

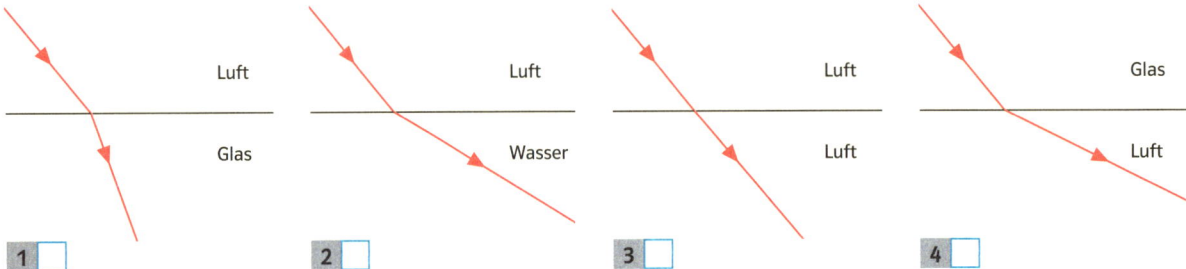

4 Lege eine Münze in eine flache leere Schale. Blicke so über den Rand der Schale, dass du den hinteren Teil der Münze gerade noch sehen kannst. Wie kannst du die Lichtbrechung nutzen, um die ganze Münze aus demselben Blickwinkel zu sehen? Zeichne deine Idee in das rechte Bild ein und erkläre sie.

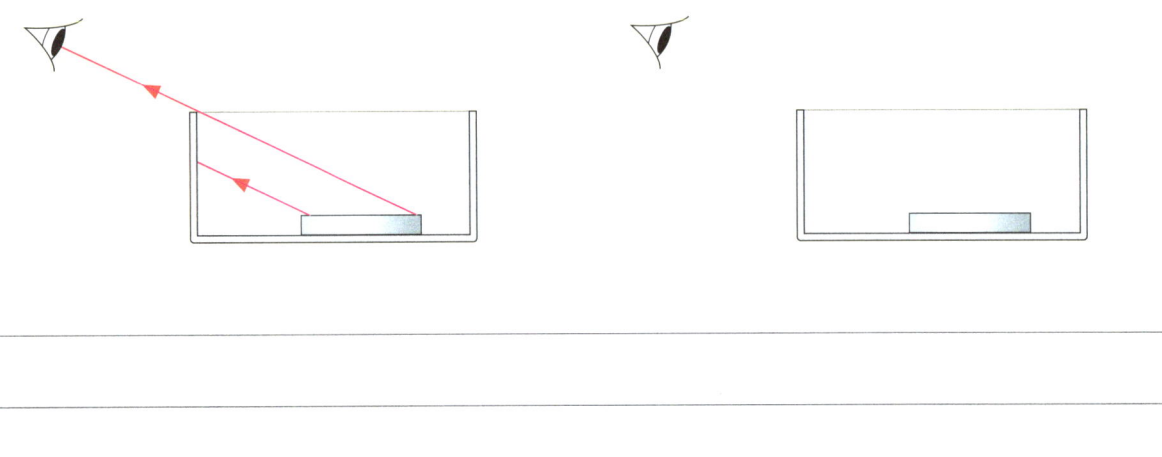

_____

_____

Physikalisch argumentieren

Wir beobachten einen Knick im Trinkhalm und sehen ein Stück des Schreibstiftes angehoben.

Wir wundern uns, weil wir den Trinkhalm als gerade kennen und wissen, dass der Schreibstift nicht unterbrochen ist.

Die Wahrnehmung des Unerwarteten führt uns auf Fragen. Manchmal kann die Physik Antworten liefern.

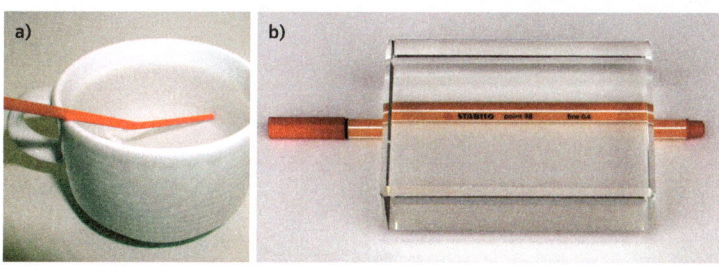

B1 Der Knick im Halm (a); der gehobene Stift (b)

Warum sehen wir den Halm geknickt und ein Stück des Stiftes gehoben? Dazu müssen wir unser **physikalisches Wissen** auf die beobachtete Situation **anwenden**.

Wir **sehen** den Halm und den Bleistift. Also erreicht Licht von diesen Gegenständen unser Auge.

Dort, wo wir Unerwartetes beobachten, führt der Lichtweg durch Wasser bzw. Glas und Luft, also über eine Grenze zwischen zwei durchsichtigen Stoffen. An dieser Grenze wird das Licht **gebrochen**. Die Richtung des Lichtes ist deswegen beim Auge anders als beim Start am Gegenstand.

Der Gegenstand wird in der Richtung des beim Auge ankommenden Lichtes **wahrgenommen**.

Deshalb sieht man die Spitze des Halmes nicht an der Stelle, an der sie sich befindet, sondern weiter oben. Der Halm scheint an der Wasseroberfläche geknickt zu sein, der Bleistift erscheint angehoben.
Bild **B2** fasst die Überlegungen zusammen.

Grundwissen

Kenntnisse über das Sehen, das Wahrnehmen und die Brechung

Über das Sehen Wir sehen einen Gegenstand, wenn Licht von ihm ins Auge gelangt.

Über die Brechung Ein Lichtbündel ändert beim Übergang von einem durchsichtigen Stoff in einen anderen seine Richtung.

Über das Wahrnehmen Beim Wahrnehmen des Gegenstandes wirken Auge und Gehirn zusammen. Das Gehirn geht von der Erfahrung aus, dass Licht sich geradlinig ausbreitet. Gegenstände werden deswegen in der Richtung wahrgenommen, aus der das Licht das Auge erreicht.

▮ **A1** ◖ Finde eine Erklärung für die Erscheinung in Abbildung **B3**.

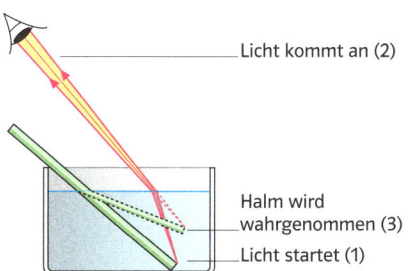

Licht kommt an (2)

Halm wird wahrgenommen (3)

Licht startet (1)

B2 Weil der Lichtweg einen Knick hat, nimmt man das Ende des Halms nicht an der Stelle wahr, an der es sich befindet.

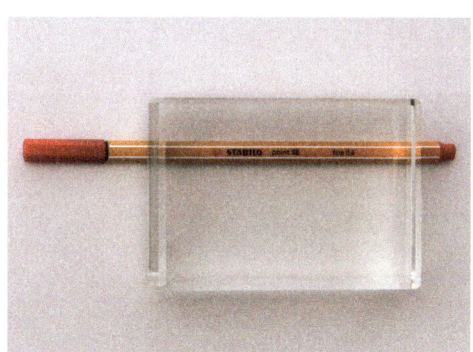

B3 Blick fast senkrecht von oben

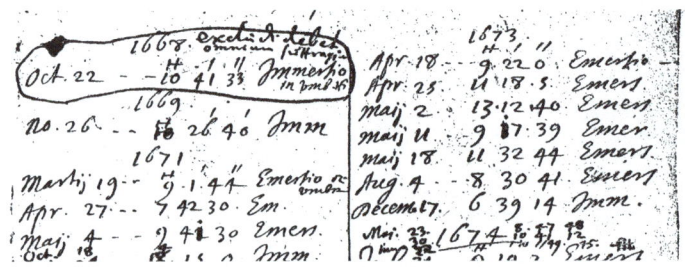

B1 Der Astronom Olaf Römer notierte seine Beobachtungen der Jupitermonde im Jahr 1676.

In den Naturwissenschaften spielen Experimente eine große Rolle. Aus ihren Ergebnissen werde wichtige Schlüsse gezogen, manchmal gibt es dafür den Nobelpreis. Damit alles nachprüfbar ist, muss über den Ablauf ein sorgfältiges Protokoll geführt werden. Manche Experimente sind sehr teuer und können nur schwer wiederholt werden. Auch dann ist ein Protokoll wichtig. Du kannst das sicher sorgfältiger als **Olaf Römer** (→**B1**).

Beispiel eines Protokolls

Mit rot sind die Punkte gekennzeichnet, die in jedem Protokoll auftauchen sollen.

Vorhersagen Wir wollen wissen, wie sich eigentlich die Brechung auswirkt, wenn Licht durch eine Fensterscheibe geht. Wir wissen, dass es auf beiden Seiten gebrochen wird, weil es einmal von Luft zu Glas und auf der anderen Seite von Glas zu Luft wechselt. Wir gehen davon aus, dass sich das Licht in solchen Fällen immer gleich verhält und verwenden deswegen die Erkenntnisse in unserem Protokoll und zeichnen.

Ein Lichtbündel trifft auf die Scheibe. Wir zeichnen das Lot und messen den Winkel α_1, z. B. 45°. Aus der Tabelle lesen wir dazu $\beta_1 = 30°$ ab. Wir zeichnen den Lichtweg bis zur anderen Seite der Scheibe. Dort zeichnen wir wieder das Lot. Der Winkel in Glas ist $\beta_2 = 30°$. Dazu gehört der Winkel in Luft $\alpha_2 = 45°$. Wir zeichnen damit den weiteren Lichtweg. Wir erkennen, dass die Lichtwege vor und hinter der Glasscheibe parallel und etwas gegeneinander versetzt sind.

Versuchsprotokoll

Datum: 29.02.2013   *Name: Lea Licht*

Thema: Die Winkel bei der Brechung

Material: Halbrunder Glaskörper   *Versuchsaufbau:*

Scheibe mit Winkelskala, Lichtquelle mit Schlitz

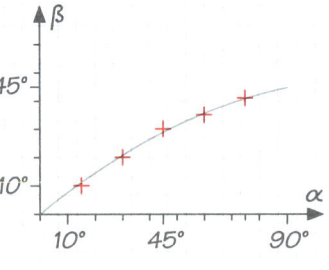

Lampe

Durchführung:

Ein schmales Lichtbündel trifft im Mittelpunkt auf die gerade Seite des Glaskörpers und wird gebrochen. Es verlässt den Glaskörper an der runden Seite. Der Winkel α in Luft und der Winkel β im Glas werden gemessen. Dies wird für verschiedene Winkel α wiederholt.

Beobachtung und Messwerte:

α	0°	15°	30°	45°	60°	75°
β	0°	10°	20°	30°	35°	41°

α ist immer größer als β. Je größer α ist, desto größer ist β.

Auswertung:

Aus den Messwerten wird ein Diagramm erstellt. Es ergibt sich eine immer flacher ansteigende Kurve. Wenn α seinen größten Wert 90° erreicht hat, ist β erst etwa 45°

B2

■ **A1** ○ Erläutere, wie man von einer Wertetabelle zu einem Diagramm kommt und wie man Werte aus einem Diagramm abliest.

■ **A2** ◐ Führe die Zeichnung **B3** auch für andere Winkel α_1 aus.

■ **A3** ● Fritz behauptet: Durch eine Fensterscheibe sehe ich die Leute nicht an der richtigen Stelle. Nimm Stellung.

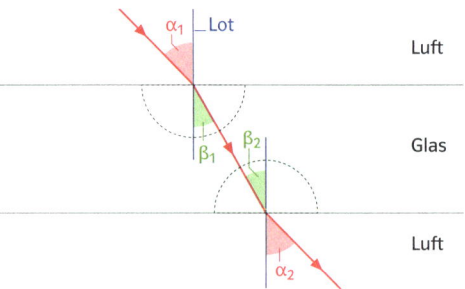

B3 Licht geht durch eine Glasscheibe.

Die Totalreflexion

■ V1 Ein leeres Glas wird auf eine Schrift gestellt. Füllt man das Glas halb mit Wasser, so verschwindet die Schrift unter dem Glas. Füllt man das Glas weiter auf, so taucht die Schrift oben wieder auf, steht aber auf dem Kopf.

B1

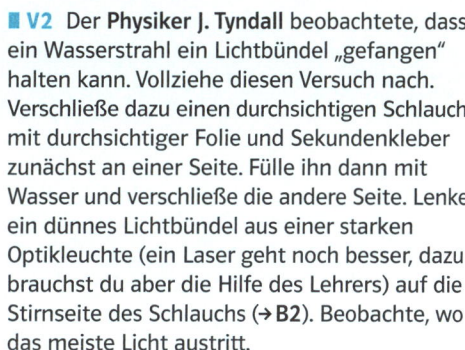

B2 Lichtleiter aus Wasser

■ V2 Der **Physiker J. Tyndall** beobachtete, dass ein Wasserstrahl ein Lichtbündel „gefangen" halten kann. Vollziehe diesen Versuch nach. Verschließe dazu einen durchsichtigen Schlauch mit durchsichtiger Folie und Sekundenkleber zunächst an einer Seite. Fülle ihn dann mit Wasser und verschließe die andere Seite. Lenke ein dünnes Lichtbündel aus einer starken Optikleuchte (ein Laser geht noch besser, dazu brauchst du aber die Hilfe des Lehrers) auf die Stirnseite des Schlauchs (→ **B2**). Beobachte, wo das meiste Licht austritt.

B3 Nicht alle Lichtbündel werden gebrochen.

In dem in Foto **B1** gezeigten Versuch erscheint der Schriftzug am Boden des Gefäßes deutlich auf der Wasseroberfläche. Das von unten kommende Licht wird vollständig an der Innenseite des Gefäßes nach oben reflektiert.

Geht ein Lichtbündel vom optisch dichteren zum optisch dünneren Stoff über, so wird es vom Lot weg gebrochen. Das geschieht z.B. beim Übergang von Glas in Luft oder von Wasser in Luft. Immer wird dabei auch ein Teil des Lichtbündels an der Grenzfläche reflektiert. Bei großen Einfallswinkeln beobachtet man jedoch, dass nur noch ein reflektiertes Lichtbündel vorhanden ist. Das Foto **B3** zeigt dies für den Übergang des Lichtes von Wasser in Luft. Das in die Luft gebrochene Lichtbündel wird mit wachsendem Einfalls-

winkel im Wasser immer schwächer. Bei einem bestimmten Einfallswinkel wird der Brechungswinkel nahezu 90°. Nach der Brechung streift das Lichtbündel auf der Wasseroberfläche entlang. Wählt man einen noch größeren Einfallswinkel, so gibt es keinen gebrochenen Lichtanteil mehr. Das Lichtbündel wird vollständig an der Grenzfläche reflektiert. Man spricht deshalb von einer **Totalreflexion** des Lichtes.

Der Einfallswinkel, der zum Brechungswinkel von nahezu 90° gehört, heißt **Grenzwinkel**. Ein solcher Grenzwinkel existiert nur für den Lichtweg vom optisch dichteren zum optisch dünneren Stoff.

● **Überschreitet der Einfallswinkel den Grenzwinkel, so entsteht Totalreflexion.**

Es gibt Glasprismen, die eintretendes Licht total reflektieren. Solche Prismen können einen Spiegel ersetzen. Die Lichtbündel haben im Glas nur Einfallswinkel, die größer als der Grenzwinkel sind (→ **B4**).

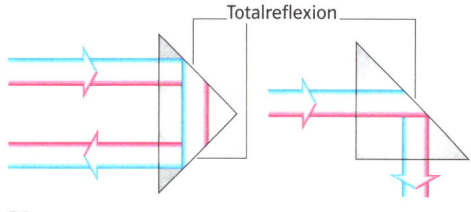

B4

Stoffpaar	Grenzwinkel
Wasser / Luft	49°
Glas / Luft	41°
Rubin / Luft	34°
Diamant / Luft	24°

Optische Linsen

■ **V1** Untersuche die Form verschiedener Linsen und beschreibe sie. Finde Gemeinsamkeiten und Unterschiede.

■ **V2** Erzeuge mit einer Optikleuchte schmale, möglichst parallele Lichtbündel. Lass sie zunächst auf eine Sammellinse und danach auf eine Zerstreuungslinse fallen (→**B1**). Beschreibe deine Beobachtungen und begründe die Namen der Linsen.

■ **V3** Miss den Abstand des Brennpunktes von der Linsenmitte für unterschiedliche Sammellinsen.

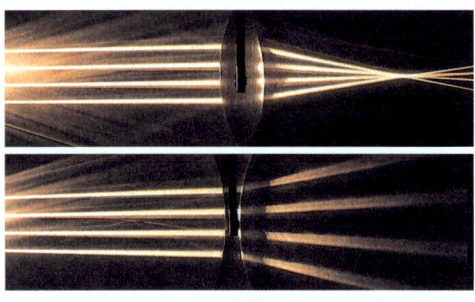

B1

Es ergibt sich je nach Dicke der Linse eine unterschiedliche Lage des Brennpunktes.

B2

Linsen sammeln das Licht Mit einer Lupe als Brennglas lässt sich im Sommer ohne Streichholz oder Feuerzeug etwas entzünden (→**B2**). Die Lupe sammelt das Sonnenlicht in einem Punkt, dem **Brennpunkt F**. Der Abstand des Brennpunktes von der Linse wird **Brennweite f** genannt.

Durchsichtige Glas- oder Kunststoffkörper, die wie eine Lupe geformt sind, nennt man Sammellinsen, weil ihre Form derjenigen des Linsensamens ähnelt: Sie sind in der Mitte dicker als am Rand. Es gibt unterschiedlich geformte Sammellinsen (→**B3a**).

● **Sammellinsen bündeln das Licht. Sie sind in der Mitte dicker als am Rand.**

Wir beobachten, dass Sammellinsen unterschiedlicher Dicke das Licht weit entfernter Gegenstände in verschiedenem Abstand von der Linse sammeln. Sie besitzen eine verschiedene Brennweite f.

● **Die Brennweite f einer Sammellinse ist umso kleiner, je dicker die Linse ist.**

Linsen zerstreuen das Licht Es gibt auch Linsen, die in der Mitte dünner sind als am Rand. Die Funktion einer solchen Linse lässt sich erkennen, wenn sie in Richtung der Sonne gehalten wird und ein Blatt Papier auf der anderen Seite als Schirm dient. Das Licht der Sonne läuft hinter der Linse auseinander. Deshalb heißen sie Zerstreuungslinsen (→**B3b**).

● **Zerstreuungslinsen weiten das Licht auf. Sie sind in der Mitte dünner als am Rand.**

Lichtbrechung bei Linsen Wenn Licht von einem Medium in ein anders übergeht, wird es gebrochen. Das Licht wird also beim Eintritt in eine Linse gebrochen und beim Austritt aus der Linse erneut. In Zeichnungen wird der Einfachheit halber oft nur eine einzige Brechung an der Linsenmitte gezeichnet (→**B4**).

■ **A1** ◕ Begründe, weshalb jede Sammellinse zwei Brennpunkte besitzt.

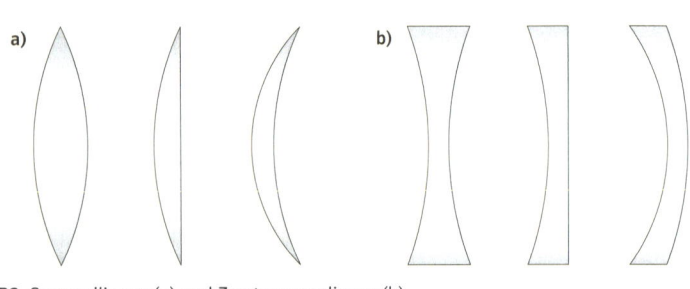

B3 Sammellinsen (a) und Zerstreuungslinsen (b)

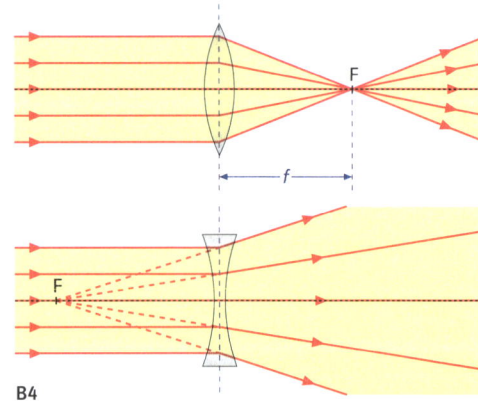

B4

Linsen machen Bilder

B1

B2 Je mehr Wasser im Gefäß ist, desto besser sieht man ein Bild der Kerze.

■ **V1** Eine Kerze steht vor einem Schirm. Es ist kein Bild auf dem Schirm zu erkennen. Wird nun zwischen Kerze und Schirm ein kugelförmiges, mit Wasser gefülltes Glasgefäß gestellt, so erscheint auf dem Schirm das Bild der Kerze (→ B2). Es steht auf dem Kopf. Wenn das Gefäß nur halb voll ist, kann man ein weniger helles Bild erkennen.

■ **V2** Stelle dich dicht vor eine weiße Wand und bilde mit einer Sammellinse einen großen, hellen Gegenstand, z. B. das Fenster des Klassenraums, auf dieser ab (→ B1). Verändere den Abstand zwischen Linse und Wand und beobachte genau.
Nur in einem bestimmten Abstand der Linse zur Wand ist das Bild scharf.

Sammellinsen erzeugen Bilder   Im Mittelalter beobachtete man, dass ein kugelförmiges, mit Wasser gefülltes Glasgefäß ein Bild von entfernten Gegenständen erzeugen kann. Damit war die Sammellinse entdeckt. Abbildung **B4** zeigt, wie die heute verwendete Linsenform entstanden ist: die Kappen der Kugel werden zusammengefügt, der Rest der Kugel fehlt.

Wird eine Sammellinse in einem bestimmten Abstand zum Schirm gehalten, so erzeugt sie ein scharfes Bild auf diesem. Das Bild hat die gleiche Farbe wie das Original, steht jedoch auf dem Kopf und ist seitenverkehrt.

● **Mit einer Sammellinse lassen sich Bilder erzeugen, die seitenverkehrt sind und auf dem Kopf stehen.**

Die Linse hat dabei die Funktion, das Licht von vielen winzigen Lichtflecken der Lichtquelle auf dem Schirm zu ordnen (→ B3).
Im Gegensatz zur Lochblende ist das Bild einer Sammellinse gleichzeitig scharf und sehr hell. Wird die Linse teilweise abgedeckt, so wird das Bild etwas dunkler.

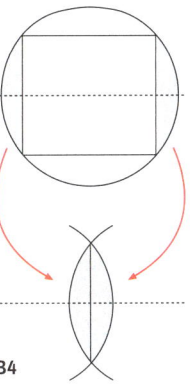

B4

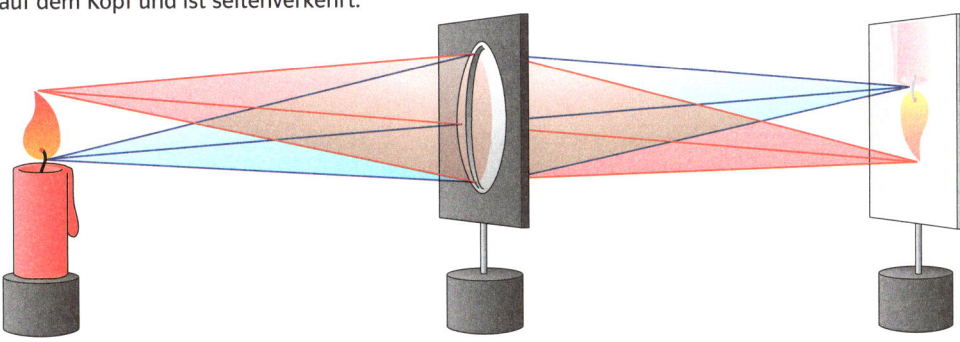

B3

Optische Linsen

1 Die nebenstehende Abbildung zeigt verschiedene Linsen.
   a) Ordne sie unter den Begriffen ein.
   b) Woran erkennt man eine Sammellinse?

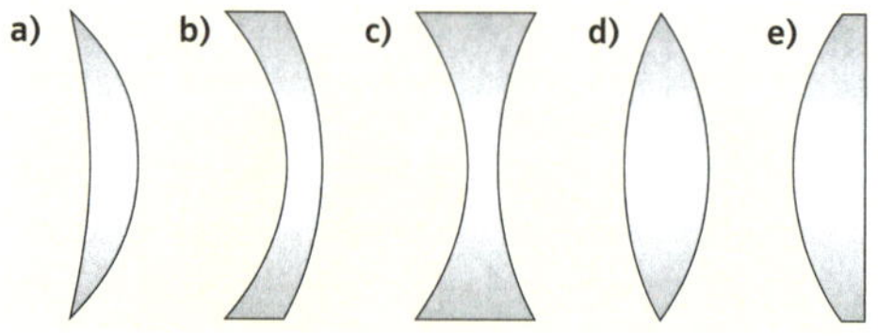

a)   b)   c)   d)   e)

Sammellinse:	Zerstreuungslinse:

_____

_____

_____

_____

2 Die folgende Abbildung zeigt den Weg paralleler Lichtstrahlen durch zwei verschiedene Linsen:

1) f F

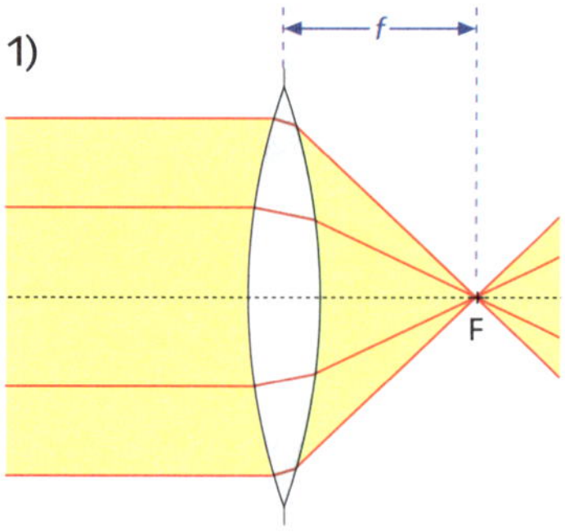

2) f F

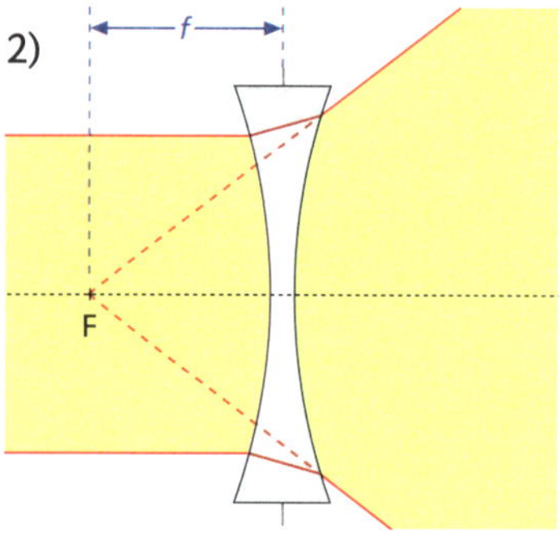

a) Um welche Linsentypen handelt es sich?

1) _____   2) _____

b) Wodurch unterscheiden sich die Linsentypen?

Die _____   ist innen _____

Die _____   ist innen _____

c) Was geschieht jeweils mit Lichtstrahlen, die parallel zur optischen Achse auf die Linse treffen?

Parallele Lichtstrahlen, die auf eine Sammellinse treffen, _____

Parallele Lichtstrahlen, die auf eine Zerstreuungslinse treffen, _____

3 Das Bild zeigt ein Experiment, bei dem man sehr vorsichtig sein muss. **Brandgefahr**!
   a) Welche optische Linse befindet sich in der Halterung? Begründe.
   b) Wie nennt man den Punkt, an dem die Flamme entzündet wird?
   Wie heißt sein Abstand zur Linse?

_____

_____

_____

Bildkonstruktion mit Sammellinsen

Beim Durchgang durch eine Sammellinse lassen sich bestimmte Lichtwege vorhersagen (→ B1b, c und d):

● Alle Lichtstrahlen durch die Linsenmitte ändern ihre Richtung nicht. Alle Lichtstrahlen, die vor der Linse durch den Brennpunkt F gehen, werden zu Strahlen, die nach der Linse parallel zur optischen Achse verlaufen. Lichtstrahlen parallel zur optischen Achse lenkt die Linse durch einen zweiten Punkt F auf der optischen Achse.

Zur Bildkonstruktion reichen zwei der drei Strahlen mit vorhersagbarem Verlauf.

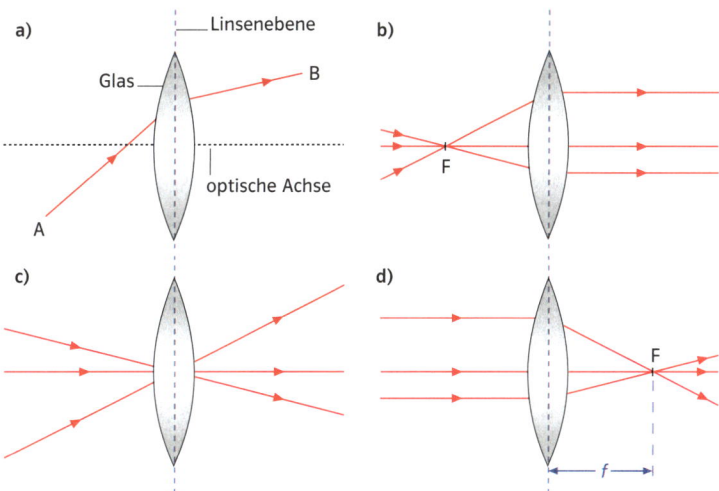

B1 Wie lenken Sammellinsen die Lichtstrahlen um?

Beispiel zur Bildkonstruktion Konstruiere das Bild von einem senkrecht auf der optischen Achse stehenden Pfeil (→ B2). Es ist
gegeben: Sammellinse mit $f = 3\,cm$,
         Gegenstandsweite $g = 8\,cm$,
         Gegenstandsgröße $G = 3\,cm$.
gesucht: Bildweite b und Bildgröße B.

Zuerst zeichnet man eine Gerade als optische Achse und eine Sammellinse. Wichtig ist der Schnittpunkt der Mittelebene der Linse mit der Achse, denn er ist maßgebend für alle Abstände. Man wählt in diesem Beispiel den Maßstab so, dass 1 cm in der Zeichnung 1 cm in der Wirklichkeit entspricht. Dann zeichnet man den Gegenstand in der richtigen Entfernung und Größe ein und markiert die Brennpunkte der Linse.

Nun wird von der Pfeilspitze ein Strahl durch den Linsenmittelpunkt – er geht unverändert weiter – und ein parallel zur optischen Achse laufender Strahl zur Linse – er geht durch den Brennpunkt auf der anderen Seite – gezeichnet. Der Schnittpunkt der beiden Strahlen ist das Bild der Pfeilspitze. Der Fußpunkt des Pfeils befindet sich auf der optischen Achse darüber. Der Zeichnung entnehmen wir die Werte für $b = 4{,}8\,cm$ für $B = 1{,}8\,cm$ (→ B1).

Die Wirkung einer Blende Deckt man einen Teil der Linse ab, z. B. mit einer Blende, dann wird das bilderzeugende Lichtbündel schmaler, es gelangt weniger Licht vom Gegenstand zur Linse (→ B3). Das Bild wird dunkler, bleibt aber

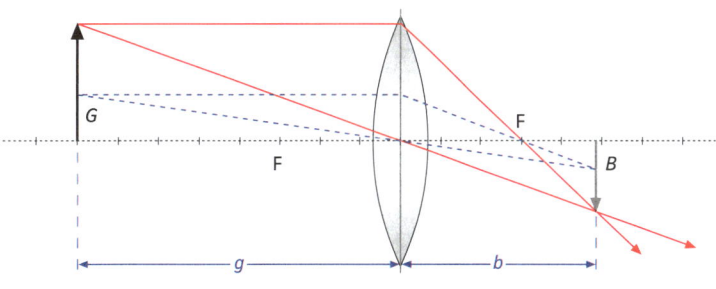

B2

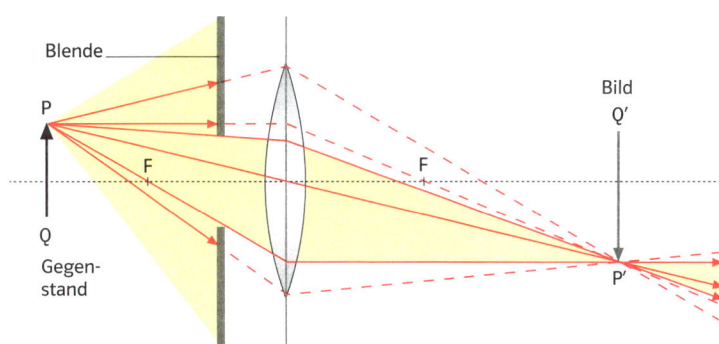

B3 Lage und Größe des Bildes sind unabhängig davon, wie groß der Durchmesser der Lichtbündel ist.

vollständig, weil immer noch von jedem Punkt des Gegenstandes ein Lichtbündel durch die Linse hindurch tritt und der zugehörige Bildpunkt wie bei offener Blende erzeugt wird.

Zur Bildkonstruktion darf man deshalb auch Lichtstrahlen verwenden, die in Wirklichkeit gar nicht durch die Linse gehen würden.

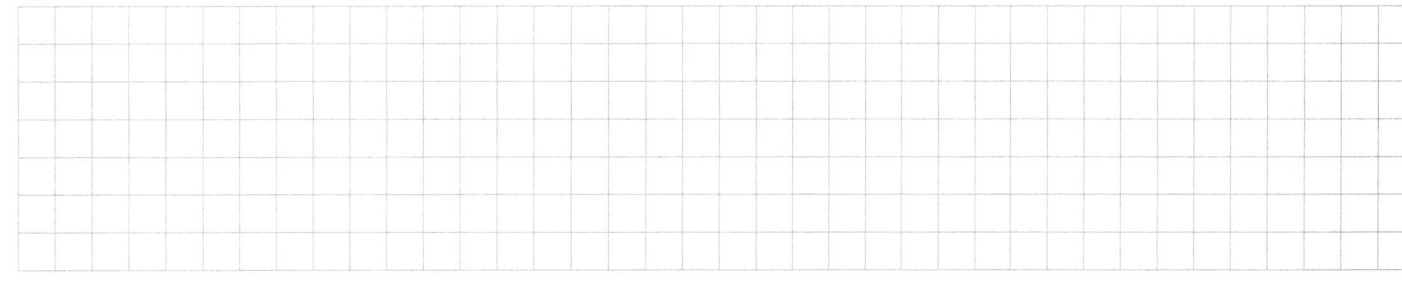

Linsen vergrößern

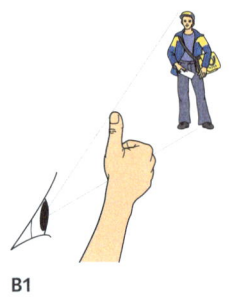

■ **V1** Versuche, mit dem Daumen erst den Kopf deines Nachbarn, dann deinen ganzen Nachbarn zu verdecken. Beschreibe, wie du dabei vorgehst (→ **B1**).

B1

■ **V2** Gehe, während du diesen Text liest, mit den Augen so nah an das Buch heran, bis die Buchstaben verschwimmen. Führe nun eine Lupe zwischen Auge und Buch, dass der Text wieder deutlich zu erkennen ist.

Wiederhole den Versuch mit einer farbigen Abbildung. Was erkennst du bei genauem Betrachten der Abbildung?

B2

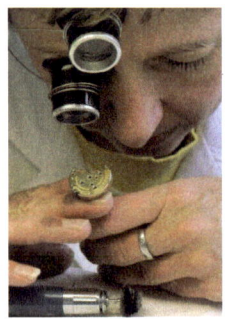

B3 Uhrmacherlupe

Der Sehwinkel Mit einer Münze am ausgestreckten Arm lässt sich die Vollmondscheibe vollständig verdecken. Wenn wir einen Gegenstand genau betrachten wollen, dann bringen wir ihn näher an das Auge. Die Bildgröße auf der Netzhaut ist durch den Sehwinkel bestimmt, unter dem man den Gegenstand sieht. Je größer der Sehwinkel, desto größer wird das Bild auf der Netzhaut.

Lupe Seit dem 13. Jahrhundert ist es möglich, klares und farbloses Glas herzustellen. Das war die Voraussetzung dafür, Glaslinsen zu schleifen. Damit ließen sich zunächst Sehschwächen ausgleichen, später wurde eine Vielzahl optischer Geräte erfunden und ständig verbessert. So können wir heute kleinste Details ganz groß sichtbar machen.

Wenn ein Uhrmacher in einem Uhrwerk jede Einzelheit erkennen will, muss er es näher an sein Auge heranführen. Der Sehwinkel wird größer, der Uhrmacher erkennt mehr Einzel-

heiten. Je näher er die Uhr an das Auge hält, desto größer wird das Bild auf der Netzhaut. Ein kleinerer Abstand als ca. 10 cm ist jedoch nicht möglich, denn die Augenlinse kann sich nicht noch stärker wölben, um ein deutliches Bild zu erzeugen. Die erforderliche zusätzliche Brechkraft für die Abbildung auf der Netzhaut liefert die Lupe, eine Sammellinse (→ **B3**).

In der Lupe werden die vom Gegenstand ausgehenden Lichtstrahlen so gebrochen, dass man den Gegenstand scharf und vergrößert sehen kann. Vergleicht man die Bilder in Abbildung **B5**, kann man erkennen, dass die Lupe den Sehwinkel vergrößert.

● **Die Vergrößerung einer Lupe wird aus dem Verhältnis des Sehwinkels mit Lupe und des Sehwinkels ohne Lupe bestimmt:**

$$\text{Vergrößerung} = \frac{\text{Sehwinkel mit Lupe}}{\text{Sehwinkel ohne Lupe}}$$

Mit einem Versuch wie in **B5** lässt sich die Vergrößerung einer Lupe bestimmen. Mit einem Auge blicken wir auf ein 25 cm entferntes Lineal. Mit dem anderen Auge betrachten wir ein zweites Lineal durch eine Lupe. Sieht man die Skalen beider Lineale gleichzeitig, kann man sie vergleichen. Wenn z. B. 2,5 cm des ohne Lupe betrachteten Lineals gleich groß erscheinen wie 1 cm des mit Lupe betrachteten Lineals, beträgt die Vergrößerung 2,5. Je kleiner die Brennweite der Lupe ist, desto stärker ist die Vergrößerung.

■ **A1** ○ Erkläre, was man unter der Vergrößerung einer Lupe versteht.

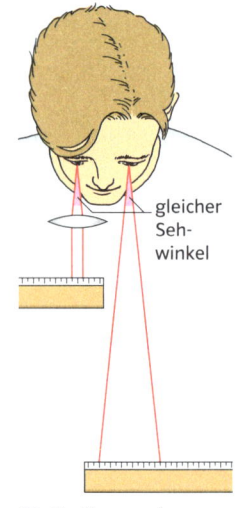

gleicher Sehwinkel

B4 Bestimmen der Vergrößerung

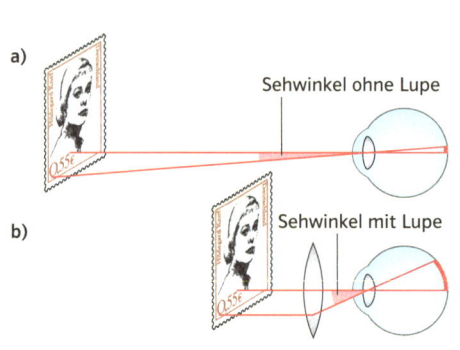

a)

Sehwinkel ohne Lupe

Q.55€

b)

Sehwinkel mit Lupe

Q.55€

B5 Bildentstehung im Auge mit und ohne Lupe

Woher kommen die Farben?

V1 Erster Versuch nach Newton

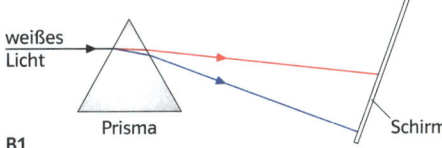

B1

Ein Bündel weißen Lichtes trifft auf ein Prisma (→**B1**). Auf der Wand siehst du Farben wie beim Regenbogen (→**B6**).

V2 Zweiter Versuch nach Newton

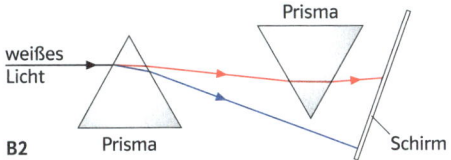

B2

Hält man ein zweites Prisma dicht vor der Wand in das Licht einer Farbe, so wird das Licht abgelenkt, es entsteht aber keine neue Farbe (→**B2**).

V3 Dritter Versuch nach Newton

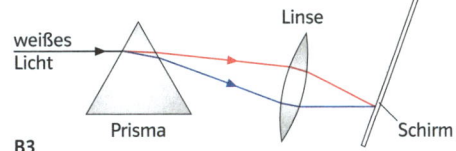

B3

Eine Sammellinse zwischen Wand und Prisma lenkt alles Licht zu einem Fleck zusammen. Dieser Fleck ist weiß wie das Licht vor dem Prisma (→**B3**).

V4 Vierter Versuch nach Newton

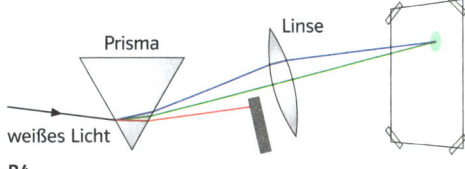

B4

Durch ein Hindernis wird für eine der Farben vor der Linse der Weg unterbrochen. Die Linse erzeugt aus dem Rest einen farbigen Fleck (→**B4**).

B5 Isaac Newton (1643 – 1727)

B6 Das Spektrum

Weißes Licht, ein Gemisch aus Farben

Sicher hast du schon einmal einen Regenbogen gesehen. Ähnliche Farben siehst du manchmal an einer Wand. Diese Farberscheinungen treten auf, wenn Licht gebrochen wird. 1666 untersuchte der englische Physiker **Isaac Newton** (→**B5**) das Licht der Sonne. Er ließ es durch ein kleines Loch auf ein Prisma treffen. An der Wand beobachtete er Farben wie beim Regenbogen. Diese Farben heißen **Spektralfarben**, sie alle zusammen bilden das **Farbspektrum** des weißen Lichtes (→**B6**). Im Versuch kannst du das nachvollziehen (→**B8**).

Newtons Versuche zeigen:
- Bei der Brechung wird weißes Licht in die Farben des Regenbogens zerlegt.
- Das Licht einer Spektralfarbe kann nicht weiter zerlegt werden.
- Wenn alle Regenbogenfarben z.B. durch eine Sammellinse in einem Fleck vereinigt werden, entsteht wieder weißes Licht.

Zusammengefasst ergibt sich:

● **Weißes Licht ist ein Gemisch aus farbigem Licht.**

Spektren kennzeichnen Stoffe

Ein Prisma erzeugt vom weißen Licht einer Glühlampe ein lückenlos über alle Spektralfarben verlaufendes Spektrum. Dagegen besteht das Spektrum aus dem orange-gelben Licht einer Natriumdampflampe nur aus einem schmalen orangegelben Bereich. Auch das Spektrum des weißen Lichts einer Quecksilberdampflampe besteht nur aus mehreren schmalen Linien verschiedener Farben. Man nennt so ein Spektrum **Linienspektrum**. Die Spektren, die verschiedene Stoffe aussenden, unterscheiden sich (→**B7**). Daher kennzeichnen diese den lichtaussendenden Stoff.

B8 Die Brechung führt zu Farben.

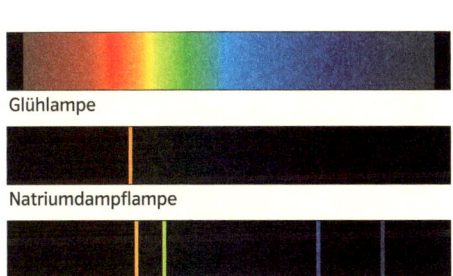

Glühlampe

Natriumdampflampe

Quecksilberdampflampe

B7 Verschiedene Spektren

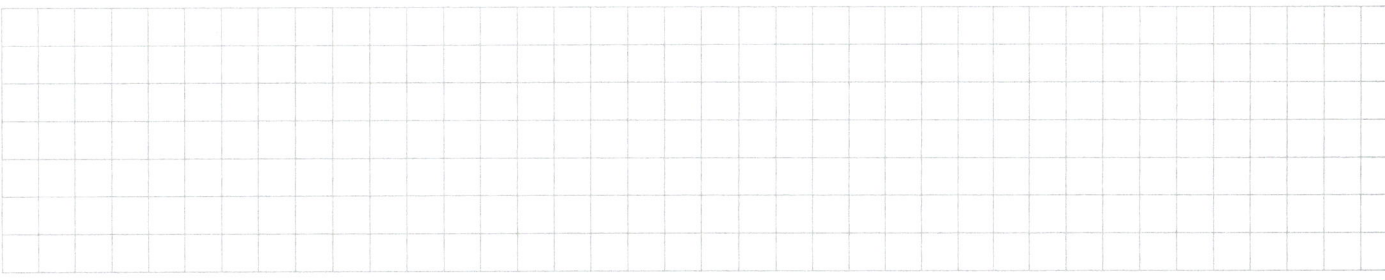

B1 Ein Regenbogen ist ein faszinierendes, farbenprächtiges Naturschauspiel.

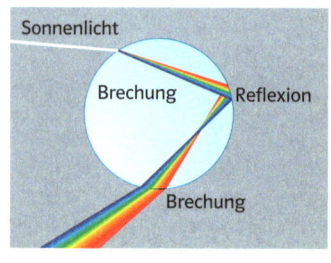

Einen Regenbogen (→ **B1**) siehst du nur, wenn die Sonne in deinem Rücken scheint und vor dir ein Regenschauer niedergeht. In jedem einzelnen Tropfen des Regenschauers wird ein Teil des Sonnenlichtes so gebrochen, reflektiert und in seine Farben zerlegt, dass eine Farbe des Spektrums in dein Auge gelangt (→ **B2**). Von verschiedenen Orten erscheint derselbe Wassertropfen in unterschiedlichen Farben, da jede Farbe den Tropfen nur unter einem ganz bestimmten Winkel zur Richtung der Sonnenstrahlen verlässt. Das rote Licht wird am wenigsten gebrochen, es trifft dein Auge aus den höher gelegenen Tropfen. Der **Hauptregenbogen** erscheint kreisförmig im Winkel von 40°–42° um die Schattenlinie des eigenen Kopfes (→ **B3**). Je niedriger die Sonne steht, desto mehr siehst du vom Kreisbogen des Regenbogens.

Befinden sich genügend Wassertropfen über dem Hauptregenbogen, so kann man den **Nebenregenbogen**, beobachten (→ **B1**). Er erscheint unter dem Winkel von etwa 50° bis 53° gegenüber dem einfallenden Sonnenlicht. Sein Licht wurde zweimal im Tropfen reflektiert, bevor es zum Betrachter gelangt. Die Reihenfolge der Farben des Nebenregenbogens ist gegenüber dem Hauptregenbogen umgekehrt, d.h., außen ist blau und innen rot.

B2

B3 Haupt- und Nebenregenbogen

Die Zerlegung des weißen Lichts

1 Fällt ein weißes Lichtbündel auf ein Prisma, dann wird es gebrochen und verändert beim Durchgang seine Richtung. Dabei wird das weiße Licht in seine farbigen Bestandteile zerlegt.

a) Zeichne in das Bild die ungefähre Richtung der einzelnen farbigen Lichtanteile (rot, blau, grün, gelb) mit verschiedenen Farbstiften ein.

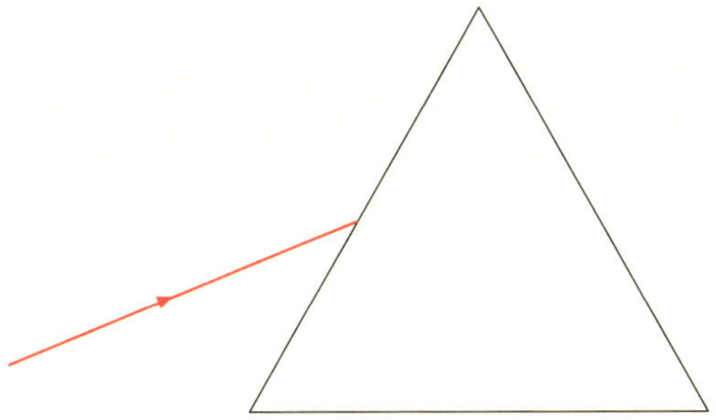

b) Benenne die Farben, die aus dem Prisma austreten. Beginne mit der obersten Farbe.

1 _____

2 _____

3 _____

4 _____

2 Im Versuch von Aufgabe 1 wird das grüne Licht mithilfe einer Spaltblende isoliert. Dieser grüne Lichtstrahl fällt auf ein Prisma (s. Bild rechts).

a) Vervollständige im rechten Bild den Strahlenverlauf.

b) Erläutere das Versuchsergebnis.

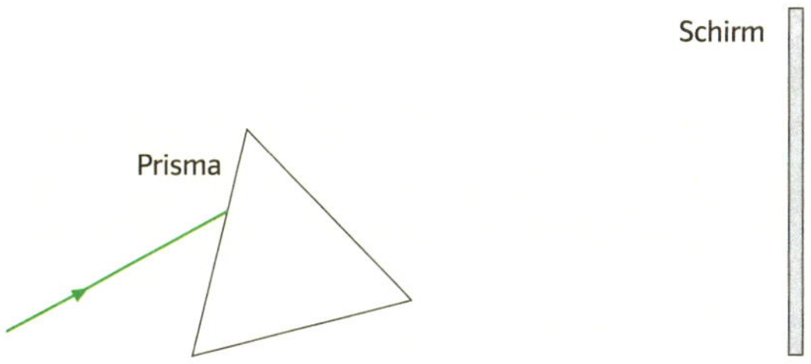

_____

_____

_____

_____

_____

3 Beschreibe, wie ein Regenbogen entsteht.

_____

_____

_____

_____

_____

1 Zeichne den Schattenraum hinter dem Hindernis.

Lichtpunkt A

Lichtpunkt B

2 Zeichne den weiteren Strahlenverlauf bei der Reflexion des Lichts ein und beschrifte die wesentlichen Teile.

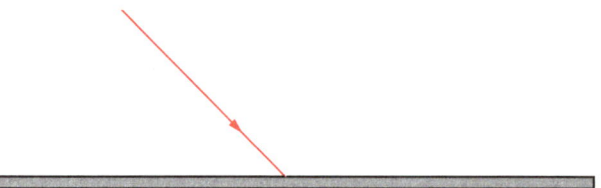

3 Welcher der Sätze erklärt das nebenstehende Bild richtig? Kreuze an.

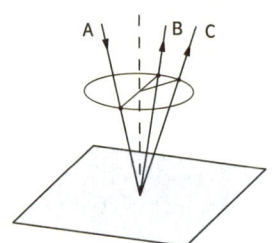

☐ B und C sind reflektierte Strahlen von A, da für beide der Reflexionswinkel gleich dem Einfallswinkel ist.

☐ Nur B ist ein reflektierter Strahl von A, weil A, B und das Einfallslot in einer Ebene liegen und der Einfallswinkel gleich dem Reflexionswinkel ist.

☐ Es gibt mehrere reflektierte Strahlen zu A. Strahl C ist einer davon.

4 Ein Glaskörper ist von Luft umgeben. Zeichne unter Verwendung des Diagramms den weiteren Verlauf des Lichtstrahls.

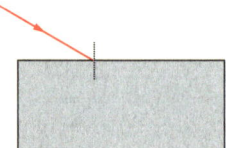

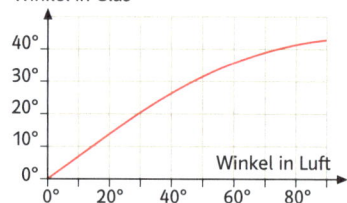
Die Brechung des Lichtes von Luft in Glas
Winkel in Glas

5 In welchen Fällen kann man Totalreflexion beobachten? Kreuze die richtigen Antworten an.

☐ Immer dann, wenn Licht aus einem dünneren in ein optisch dichteres Medium übergeht.

☐ Immer dann, wenn Licht aus einem dichteren in ein optisch dünneres Medium übergeht.

☐ Wenn der Einfallswinkel am Übergang von einem dichteren zu einem optisch dünneren Medium größer ist als der Grenzwinkel.

6 Beschrifte das folgende Bild!

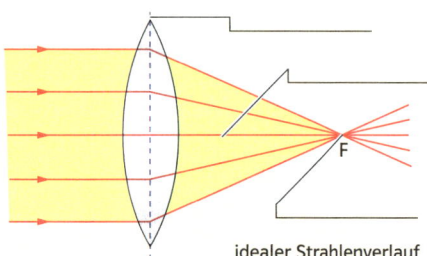
idealer Strahlenverlauf

⊕ **Surftipp**
nu2wx9

Temperatur und Materie

Welche Temperatur hat das Wasser? Welche die Luft?

Aufbau von Stoffen

■ **V1** Ein Glas wird mit Eiswürfeln mindestens bis zum Rand gefüllt. Nach einer halben Stunde ist das Eis geschmolzen. Das Wasser füllt das Glas jetzt nur noch zum Teil. Nach einigen Tagen ist das Glas leer und das Wasser vollständig verdunstet. Wie lässt sich das Verhalten des Wassers im Glas erklären?

B1a Kandiszucker

B1b Sichtbare Kristalle

B1c Puderzucker

B1d Zuckerlösung

Teilchenmodell   Körper lassen sich in kleinere Bestandteile zerlegen. So kann man z. B. Kandiszucker (→**B1a**) mit dem Hammer in kleinere Zuckerstücke teilen. Mit dem Auge lassen sich die einzelnen Zuckerkristalle erkennen (→**B1b**). Zerreibt man diese Kristalle in einem Mörser in noch kleinere Bestandteile, so erhält man ein weißes Pulver. Betrachtet man den Puderzucker mit dem Auge, sind die Zuckerkristalle nicht mehr sichtbar (→**B1c**). Mit Hilfe einer Lupe kann man wieder die Form der Kristalle sehen. Löst man den Puderzucker in Wasser auf, verschwindet scheinbar der Zucker (→**B1d**).

Betrachtet man einen Tropfen der Zuckerlösung unter einem Mikroskop, kann man keine Strukturen des Zuckers erkennen. Der vorhandene Zucker hat sich in kleinste **Teilchen** aufgelöst. Diese sind so winzig, dass sie selbst unter einem Mikroskop nicht mehr sichtbar sind.

Diese Vorstellung vom Aufbau der Körper aus Teilchen bezeichnet man als **Teilchenmodell**. Dabei ist es unwichtig, wie die Teilchen dargestellt werden.

● **Man stellt sich vor, dass Körper aus sehr kleinen unteilbaren und unzerstörbaren Teilchen bestehen. Alle Teilchen eines Reinstoffes sind untereinander vollkommen gleich.**

Verhalten der Teilchen   In **festen Körpern** sind die Teilchen eines Stoffes mit ihren Nachbarn stark verbunden und oft auch regelmäßig angeordnet. Die Teilchen bleiben an einem festen Platz und schwingen nur um diesen Ort.

In **flüssigen Körpern** gibt es keine regelmäßige Anordnung der Teilchen. Die Teilchen eines Stoffes können beliebig gegeneinander verschoben werden, bleiben aber eng beieinander.

In **gasförmigen Körpern** sind die Abstände zwischen den Teilchen des Stoffes groß und sie können sich frei im Raum bewegen. Dabei stoßen sie mit anderen Teilchen des Gases und mit den Teilchen der Gefäßwand zusammen.

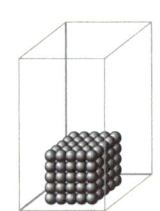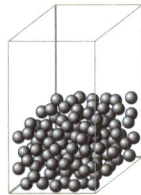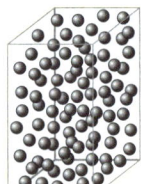

feste Gestalt, festes Volumen

keine feste Gestalt, festes Volumen

keine feste Gestalt, kein festes Volumen

B2 Fester, flüssiger und gasförmiger Stoff im Teilchenmodell

Bewegung der Teilchen – Diffusion

V1 Der Lehrer holt zu Beginn des Unterrichts eine Parfümflasche hervor. Er bittet die Schüler, den Arm zu heben, sobald sie den Geruch wahrnehmen. Dann tropft er etwas Parfüm auf den Tisch.

Nach einigen Sekunden melden sich Schüler aus der ersten Reihe. Etwas später heben auch die Schüler aus der zweiten Reihe den Arm. Schließlich melden sich auch die Schüler aus der letzten Reihe. Wie lässt sich dieser Vorgang erklären?

B1

Brown'sche Bewegung 1827 entdeckte der englische Arzt und Botaniker **Robert Brown** (1773–1858) unter dem Mikroskop, dass Blütenstaubteilchen in Wasser eine unregelmäßige Zitterbewegung ausführen. Bei Temperaturzunahme wurde die Bewegung heftiger. Wir können diese Bewegung auch an Rauchteilchen in einer Kammer beobachten (→ **B4**). Neben dem Rauch befindet sich Luft in der Kammer. Die Luft besteht aus kleinen, nicht sichtbaren Teilchen. Diese Teilchen sind in ständiger Bewegung. Sie stoßen dauernd gegen die sichtbaren Rauchteilchen und rufen so deren Zitterbewegung hervor (→ **B5**), die man als **Brown'sche Bewegung** bezeichnet.

Damit lässt sich das Experiment mit dem Parfüm im Klassenraum erklären. Alle Stoffe bestehen aus Teilchen, die in ständiger Bewegung sind. Auch die Luftteilchen des Klassenraumes bewegen sich und stoßen dabei mit den Parfümteilchen zusammen. Durch diese Zusammenstöße werden die Parfümteilchen bewegt und über den gesamten Klassenraum verteilt. Diese selbstständige Durchmischung der Teilchen bezeichnet der Physiker als **Diffusion**. Die Diffusion lässt sich mit einem Modellexperiment darstellen (→ **B3**).

Mit Hilfe eines Gebläses werden mehrere grün und rot markierte Magnete, die sich auf einem Luftkissentisch befinden, in ungeordnete Bewegung versetzt. Durch einen Balken werden die Magnete getrennt. Sobald der Balken entfernt wird, beginnen sich die unterschiedlich gefärbten Magnete zu vermischen, bis sie schließlich gleichmäßig verteilt sind.

B2 Teebeutel in warmem Wasser (links) und in kaltem Wasser (rechts)

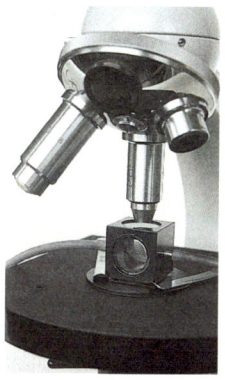

B4 Rauchkammer unter dem Mikroskop

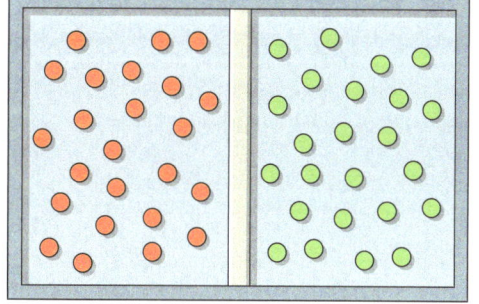

B3 Modellexperiment zur Diffusion

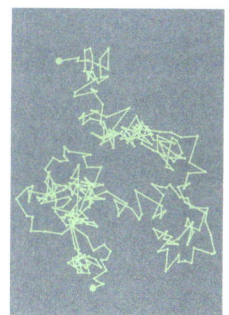

B5 Bahn eines Rauchteilchens

A1 ○ Nenne Beispiele, bei denen sich Teilchen von selbst durchmischen.

A2 ○ Was ist die Ursache für die Diffusion?

A3 ◔ Warum verteilen sich die Teilchen in Gasen schneller als in Flüssigkeiten und warum in warmen Flüssigkeiten schneller als in kalten (→ **B2**)?

Die Temperatur

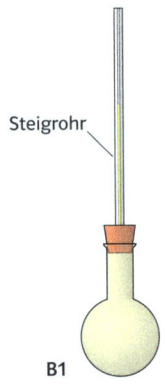

Steigrohr

B1

kalt lauwarm heiß

B2

■ **V1** Fülle Leitungswasser in einen Becher und lass ihn eine Stunde im Zimmer stehen. Das Wasser fühlt sich kälter an als die Raumluft. Miss nun die Lufttemperatur im Zimmer und die Temperatur des Wassers. Vergleiche!

■ **V2** In je einem Gefäß ist kaltes, heißes und lauwarmes Wasser. Tauche nacheinander eine Hand ein. Du kannst die Zustände des Wassers unterscheiden. Halte jetzt längere Zeit gleichzeitig eine Hand in das heiße und die andere in das kalte Wasser und danach beide Hände in das lauwarme Wasser. Beide Hände empfinden jetzt den Zustand des lauwarmen Wassers unterschiedlich (→ **B2**).

■ **V3** Fülle ein kleines Glasgefäß mit sehr dünnem Steigrohr wie in Abbildung **B1** so weit mit Wasser, bis es einen Teil des Steigrohres füllt. Halte das Gefäß in die Wasserschüsseln vom vorigen Versuch. Im heißen Wasser steigt die Wassersäule im Rohr, während sie im kalten Wasser eher noch etwas absinkt. Mit dieser Anordnung, die die Unterschiede des Wassers in den Gefäßen unabhängig vom Temperatursinn anzeigt, lassen sich Vergleichsmessungen durchführen. Markierungen am Steigrohr helfen dabei.

°C
10 0
9 0
8 0
7 0
6 0
5 0
4 0
3 0
2 0
1 0
0 0

Steigrohr

Skala

Vorratsbehälter

B3 Experimentierthermometer

Der Begriff „Temperatur" Unsere Haut ist ein Sinnesorgan, mit dem wir zwischen heißen, lauwarmen und kalten Zuständen unserer Umgebung oder von Körpern, die wir berühren, unterscheiden können. Dieses Empfinden ist subjektiv, das heißt, es ist von der einzelnen Person und ihrer Erfahrung abhängig. Mehrere Menschen können sich oft nicht einigen, ob etwas heiß oder kalt ist. Nur dann, wenn etwas abgekühlt oder erwärmt wird, weichen ihre Aussagen darüber kaum voneinander ab.

Um solche Zustände unabhängig von persönlichen Empfindungen beschreiben zu können, wird eine neue physikalische Messgröße verwendet. Sie beinhaltet eine genau einzuhaltende Messvorschrift, so dass die Messgröße **objektiv** ist, d.h. für jedermann in gleicher Weise nachvollziehbar wird. Eine Messgröße wird mit Maßzahl und Einheit angegeben. Die Messgröße für den Zustand heiß oder kalt eines Körpers ist die **Temperatur**.

● **Mit der Angabe der Temperatur eines Körpers wird sein Zustand, heiß oder kalt oder eine Zwischenstufe davon, objektiv beschrieben.**

Thermometer Die Temperatur eines Körpers wird mit Thermometern gemessen (→ **B1** auf der folgenden Seite). Je nach Verwendung besitzen sie unterschiedliche Messbereiche; der Messbereich wird durch den niedrigsten und den höchsten Temperaturwert angegeben.

Flüssigkeitsthermometer nutzen die Ausdehnung von Flüssigkeiten aus, um die Temperatur anzuzeigen (→ **S. 62**). Die Flüssigkeit befindet sich in einem kleinen Vorratsbehälter, aus dem sie in ein Steigrohr steigen kann, das mit einer Skala versehen ist (→ **B3**).

Elektronische Digitalthermometer nutzen aus, dass unterschiedliche Materialien bei verschiedenen Temperaturen Strom besser oder schlechter leiten. Elektronische Ohr- oder Schläfenthermometer nutzen die Energie, die von der Haut des Menschen abgestrahlt wird, um die Temperatur zu messen. Flüssigkeitskristallthermometer an Aquarien oder Weinflaschen wechseln bei einer Temperaturänderung ihre Farbe und zeigen dadurch die ungefähre Temperatur an. Im Außenbereich werden außerdem Bimetallthermometer eingesetzt, bei denen eine Feder aus Bimetall ihre Form bei Temperaturänderungen verändert und dadurch einen Temperaturzeiger bewegt.

Temperaturskalen   Warum wird bei Gradangaben für die Temperatur immer der Zusatz „Celsius" benutzt? Die ersten Thermometer wurden vor einigen 100 Jahren gebaut. Damals erfanden viele Forscher eine eigene Skala. Oftmals wählten sie als 0° die kälteste Temperatur eines Jahres in ihrem Wohnort. 0° in Stockholm waren demnach von 0° in Rom verschieden. Dies führte natürlich zu Unstimmigkeiten.

Der Schwede **Anders Celsius** (1701–1744) ersann prinzipiell folgende Möglichkeit: Die 0-°C-Marke wird am Ende des Flüssigkeitsfadens angebracht, wenn das Thermometer in schmelzendem Eis steht. Bei siedendem Wasser wird 100 °C markiert.

Zwischen diesen beiden Marken wird der Abstand in 100 gleich große Teile zerlegt. Jedes Teil entspricht 1 °C. Nach oben und unten wird die Skala gleichmäßig fortgesetzt. Temperaturen unter 0 °C werden mit einem Minuszeichen versehen, z. B. – 10 °C. Die amtliche Festlegung der Skala heißt **Eichung**. Die Ausgangspunkte der Skala (0 °C bzw. 100 °C) nennt man **Fixpunkte**. Das Schmelzen von Eis und das Sieden von Wasser finden beim selben Luftdruck immer und überall bei derselben Temperatur statt; deswegen zeigen alle nach dem Verfahren von Celsius geeichten Thermometer übereinstimmende Temperaturwerte an.

Temperatur richtig messen   Ein Thermometer kann die Temperatur eines Körpers nur dann richtig anzeigen, wenn der temperaturempfindliche Teil des Thermometers vollständig von diesem Körper umgeben ist. Daher ist es wichtig, sich vor der Messung zu überlegen, welche Thermometerart jeweils am geeignetsten ist. So muss die Messspitze eines elektronischen Digitalthermometers bzw. der Vorratsbehälter eines Flüssigkeitsthermometers möglichst weit in den Stoff eingetaucht werden, dessen Temperatur gemessen werden soll. Für die Messung von Oberflächentemperaturen sind diese Thermometer also nicht ohne weiteres geeignet. Hier eignen sich z. B. Ohrthermometer. Bei diesen muss man darauf achten, dass zwischen Haut und Sensorfläche des Ohrthermometers so wenig Abstand wie möglich ist. Abstrahlungen zu Seite sollten vermieden werden, da sonst eine niedrigere Temperatur angezeigt wird. Am einfachsten lässt sich die Lufttemperatur bestimmen, da die Luft an die Sensoren aller Thermometer gelangen kann.

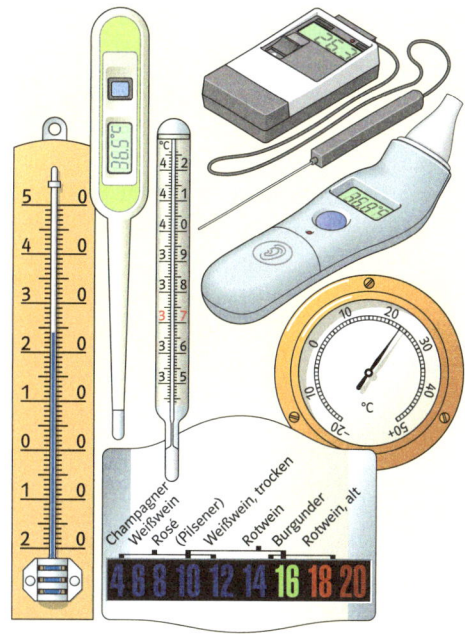

B1 Verschiedene Thermometer

Das Formelzeichen für die Temperatur in Grad Celsius ist ϑ, das für die Temperatur in Kelvin ist *T*. Temperaturunterschiede geben wir als Δ ϑ in °C oder Δ *T* in K an.

Die korrekte Temperatur wird außerdem erst dann angezeigt, wenn der Messvorgang zum Stillstand gekommen ist. Elektronische Thermometer signalisieren dies durch einen kurzen Ton. Beim Flüssigkeitsthermometer muss man warten, bis der Flüssigkeitsfaden zur Ruhe gekommen ist. Außerdem muss darauf geachtet werden, dass man senkrecht von vorne abliest und wie die Skala unterteilt ist.

Andere Temperaturskalen   Es gibt auch Skalen mit anderen Bezugspunkten. In den USA wird oft die **Fahrenheit-Skala** (→ B2b) verwendet. Sie stammt von **Gabriel Fahrenheit** (1686–1736). Die **Kelvin-Skala** (→ B2c) mit der Temperatureinheit 1 Kelvin (1 K) hat **Lord Kelvin** (1834–1907) vorgeschlagen. Der Nullpunkt 0 K wird auf die niedrigstmögliche Temperatur bei – 273 °C gesetzt („absoluter Nullpunkt"). 0 °C ist dementsprechend 273 K, negative Temperaturen gibt es in dieser Skala nicht.

■ **A1** ○ Neben der Celsius-Skala gibt es auch andere Temperaturskalen. Recherchiere, wer diese Skalen erfunden hat und wie sie sich von der Celsius-Skala unterscheiden. Stelle deine Ergebnisse in einer Tabelle dar.

■ **A2** ◑ Häufig findet man die Formulierung: Die Raumtemperatur beträgt 20 °C. Begründe, warum der Begriff „Raumtemperatur" problematisch ist.

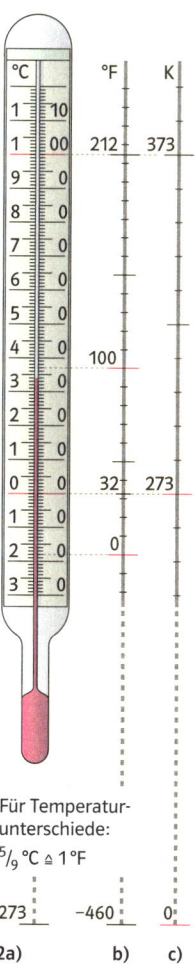

Für Temperaturunterschiede:
$\frac{5}{9}$ °C ≙ 1 °F

B2a)   **b)**   **c)**

Das Thermometer

Lukas experimentiert im Physikunterricht. Er erhitzt Wasser in einem Becherglas mit einem Gasbrenner und misst dabei mit einem Thermometer jede Minute die Temperatur. Der Versuch dauert 10 Minuten.

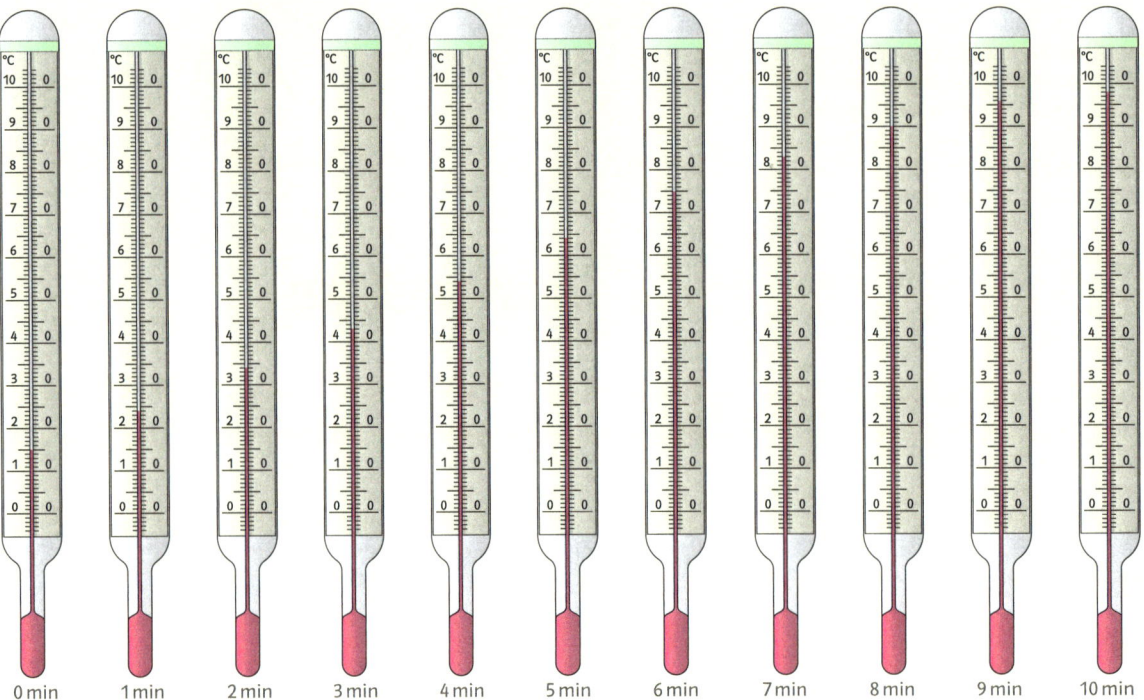

1 Lies die Temperaturen ab und notiere sie in der folgenden Tabelle mit ihrer Einheit (°C).

0 min	
1 min	
2 min	
3 min	
4 min	
5 min	
6 min	
7 min	
8 min	
9 min	
10 min	

2 Übertrage die Messwerte in das Diagramm.

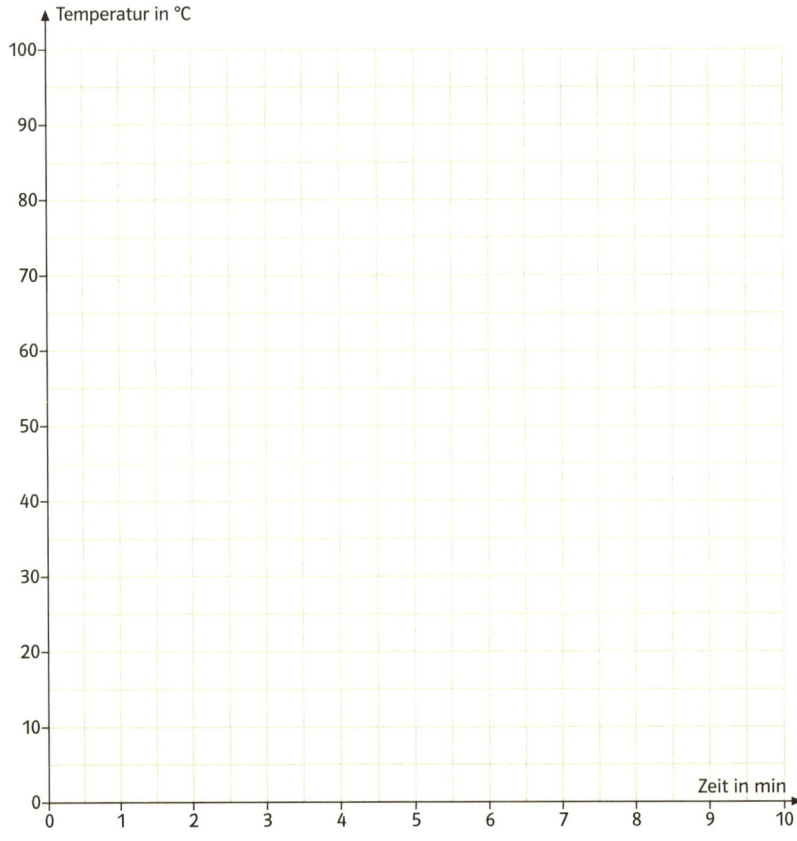

Diagramme erstellen

Mit einem Stövchen (→ **B1**) versucht man den Tee in einer Kanne warm zu halten. Um genauer zu untersuchen, in welchem Maße das gelingt, muss die Temperatur in regelmäßigen Zeitabständen gemessen werden. Mit nur einer Messung könnte man sich kein genaues Bild machen.

Nachdem nun der Untersuchungsauftrag und die Vorgehensweise feststehen, wird der Versuch durchgeführt. Dazu wird in ein Becherglas 200 ml heißes Wasser hineingegeben und einmal die Abkühlung ohne Teelicht und einmal mit Teelicht untersucht. Alle 5 Minuten wird die Temperatur abgelesen. Die Messwerte werden in einer Tabelle festgehalten (→ **B2**).

Die nacheinander gemessenen Thermometerstände kann man als Balken nebeneinander zeichnen (→ **B3**). Einfacher ist es, nur Punkte in ein Diagramm einzutragen. Verbindet man die Punkte durch eine Kurve, so kann man sogar Werte ablesen, die gar nicht gemessen wurden. Anhand solcher **Temperaturkurven** (→ **B4**) kann man das Versuchsergebnis am besten darstellen und auswerten.

Die Temperaturkurven zeigen, dass sich die Temperaturabnahme unter den gegebenen Bedingungen mit einem Teelicht sehr verlangsamen lässt. Nach 40 Minuten hat man noch annähernd die gleiche Temperatur wie ohne Teelicht nach 5 Minuten. Ein Gleichhalten der Anfangstemperatur gelingt aber nicht.

Weitere Fragen und Aufträge ergeben sich fast immer direkt im Anschluss an eine Untersuchung. So kann man zum Beispiel fragen: Lässt sich die Anfangstemperatur mit zwei Teelichtern halten? Wie wirkt es sich aus, wenn man weniger oder mehr Teewasser nimmt? Spielt das Material der Kanne eine Rolle? Kann ein veränderter Abstand Teelicht-Kanne eine Verzögerung der Temperaturabnahme bewirken?

■ **A1** ◔ Suche weitere Fragen!

■ **A2** ● Plane Versuche, um Antworten auf deine Fragen zu erhalten.

B1 Teekanne auf Stövchen

Zeit in min	ohne Teelicht Temperatur in °C	mit Teelicht Temperatur in °C
0	70,0	70,0
5	61,0	67,5
10	55,5	66,0
15	51,0	64,0
20	47,5	63,0
25	44,5	62,0
30	42,0	61,5
35	40,0	60,0
40	38,0	59,5

B2 Messwertetabelle

So geht man in der Physik vor

Fragen stellen und Versuche planen
▼
Messwerte ermitteln
▼
Messwerte übersichtlich darstellen
▼
Auswertung und Zusammenfassung
▼
Neue Aufträge

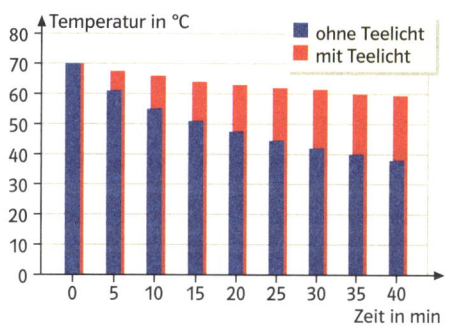

B3 Thermometerstände im Vergleich

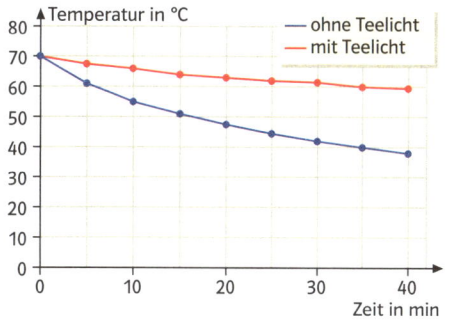

B4 Temperaturkurven

Bratfett bei verschiedenen Temperaturen

■ **V1** Wenn man im Sommer einen Hasen aus Wachs (linkes Foto) auf der Fensterbank stehen hat, kann er am Ende des Sommers wie im rechten Foto aussehen. Wie kommt die ungewöhnliche Form zustande?

Kannst du die Veränderungen auch mit den neuen Begriffen auf dieser Seite formulieren?

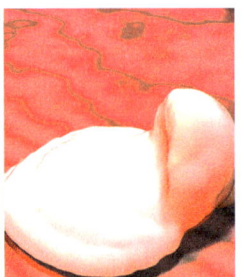

Änderung der Aggregatzustände   Den Stoff Wasser kennen wir in drei verschiedenen Erscheinungsformen: fest, flüssig und gasförmig. Bei erhitztem Bratfett kommen sogar alle drei Aggregatzustände gleichzeitig vor! Erwärmt man festes Bratfett, geraten seine Teilchen in immer stärker werdende Schwingungen. Die enge Anordnung der Teilchen, die bei festem Fett vorliegt, wird durch die stärkeren Schwingungen aufgehoben. Diesen Vorgang nennt man **Schmelzen**. Die Teilchen sind jetzt nur noch lose aneinander gebunden und gegeneinander verschiebbar. Das Fett ist jetzt flüssig, es fand ein **Phasenübergang** statt. Bei weiterer Erwärmung verstärken sich die Bewegungen, bis sich die Wechselwirkungen zwischen den Teilchen vollständig auflösen. Diesen Vorgang bezeichnet man als **Verdampfen**. Das Fett tritt jetzt in Form von unsichtbarem gasförmigen Fettdampf auf.

Beim Abkühlen kehren sich diese Vorgänge um. Durch die langsamer werdenden Bewegungen bilden sich wieder schwache Wechselwirkungen zwischen den Teilchen aus. Diesen Vorgang nennt man **Kondensieren**. Das weitere Abkühlen des flüssigen Fettes bewirkt letztendlich das Entstehen einer festen Gitterstruktur. Man sagt, das flüssige Fett ist durch **Erstarren** zu festem Fett geworden.

Für den Übergang des Verdampfens von flüssigem Fett gibt es zwei Möglichkeiten. Der Vorgang, der bei der sogenannten Siedetemperatur stattfindet, heißt **Sieden**. Ein Beispiel wäre das Verdampfen des Wassers beim Kochen bei 100 °C auf dem Herd, gut beobachtbar durch die aufsteigenden Gasblasen. Geschieht dieser Vorgang unterhalb der Siedetemperatur, so nennt man den Übergang **Verdunsten**. Das Verschwinden von Pfützen auf wasserundurchlässigem Untergrund oder von Parfüm auf der Haut sind dafür Beispiele.

● **Den Übergang zwischen den einzelnen Aggregatzuständen bezeichnet man allgemein als Phasenübergang.**

■ **A1** ◔ Stelle auf einem Poster zusammen, wo Aggregatzustandsänderungen in Natur und Technik auftreten.

■ **A2** ◔ Erkläre mit dem Teilchenmodell, warum flüssiges Bratfett mehr Platz im Topf beansprucht als festes.

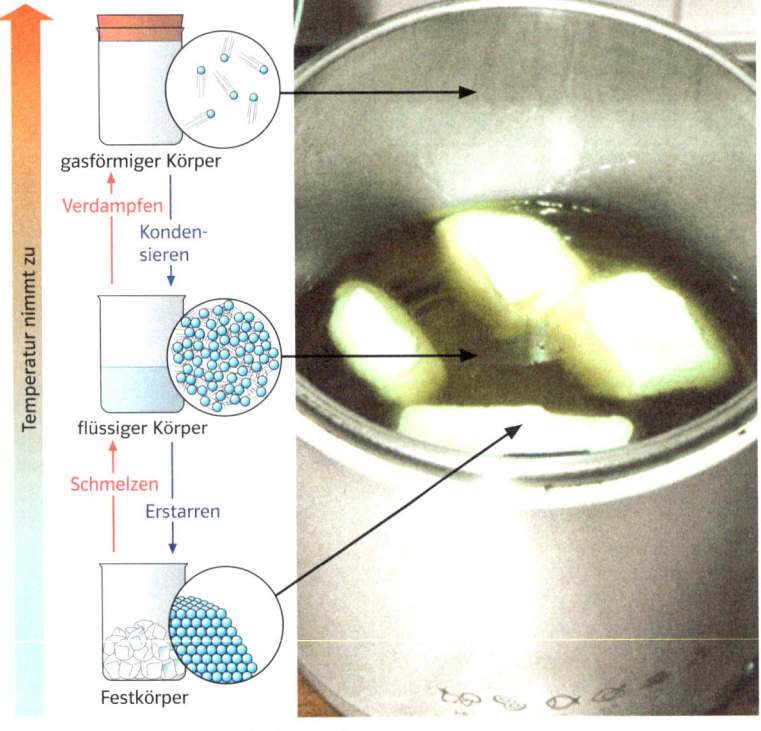

Temperatur nimmt zu

gasförmiger Körper
Verdampfen
Kondensieren
flüssiger Körper
Schmelzen
Erstarren
Festkörper

B1 Die Aggregatzustände des Bratfetts

Schmelzen, Verdampfen und zurück

Stoffe gibt es in drei verschiedenen Zuständen. Naturwissenschaftler nennen sie **Aggregatzustände**. Im Bild sind die drei Aggregatzustände einer Kerze dargestellt.

1 **a)** Benenne diese drei Zustände.

b) Alles um uns herum besteht aus kleinsten Teilchen. Die folgenden Texte beschreiben das Verhalten der Teilchen in den verschiedenen Aggregatzuständen. Trage diese unten ein.

Text 1
Die Teilchen sind leicht gegeneinander beweglich. Die Abstände sind klein. Die Wechselwirkungen zwischen ihnen sind nicht sehr groß.

Text 2
Die ungeordneten Teilchen bewegen sich frei im Raum. Die Wechselwirkungen zwischen ihnen sind sehr gering.

Text 3
Die Teilchen sind dicht nebeneinander angeordnet. Sie bewegen sich kaum. Die Wechselwirkungen zwischen ihnen sind groß.

c) Stell dir vor, mit einer Lupe könntest du die kleinsten Teilchen sehen. Zeichne in die Lupen einige kleinste Teilchen als Kreise ein, so dass sie zum richtigen Text passen.

d) Die Übergänge zwischen den Aggregatzuständen können mit Fachbegriffen beschrieben werden. Schreibe den richtigen Begriff neben die Pfeile.

Aggregatzustand: _____

Text: _____

_____

Aggregatzustand: _____

Text: _____

_____

Aggregatzustand: _____

Text: _____

Feste Körper dehnen sich aus

■ **V1** Ein Draht wird an beiden Seiten fest eingespannt und mit einem Körper beschwert (→ **B1**). Die Lage des Körpers wird markiert. Anschließend wird der Draht mithilfe einiger Teelichter erhitzt. Nach einiger Zeit sieht man, dass sich der Körper ein wenig gesenkt hat.

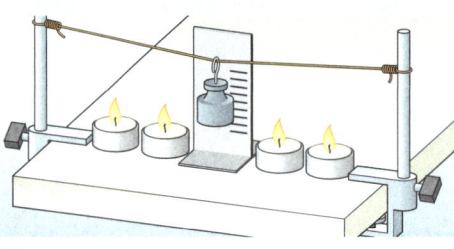

B1

■ **V2** Eine Kugel aus Eisen passt genau durch die Öffnung in einem dicken Blech (→ **B2**). Nun wird die Kugel mit einem Gasbrenner erwärmt. Sie passt dann nicht mehr durch die Öffnung.

B2

B3

B4

Wir ändern die Temperatur fester Körper

Wie verhält sich ein Draht, wenn man seine Temperatur erhöht?

Ein sehr kalter Wintertag. Der Fotograf hat trotz der Kälte seinen Fotoapparat ausgepackt und eine Stromleitung fotografiert. Er hat sich genau gemerkt, an welcher Stelle das Fotostativ aufgestellt wurde. Einige Monate später begibt sich der Fotograf an die gleiche Stelle. Inzwischen ist es Frühling geworden und die Sonne scheint. Der Fotoapparat wird aufgestellt und genau ausgerichtet.

Der Vergleich der Bilder **B3** und **B4** zeigt, dass irgendetwas mit der Stromleitung geschehen sein muss. Was fällt auf?

Ein Draht wird also länger, wenn man seine Temperatur erhöht. Körper werden beim Erwärmen aber nicht nur länger, sondern auch breiter und höher. Dies lässt sich gut beim

Erwärmen einer Kugel wie in Versuch **V2** beobachten. Der Draht und auch andere feste Körper ändern ihre Größe erneut, wenn sie sich abkühlen. Der Draht nimmt wieder seine ursprüngliche Länge an. Die Kugel passt bei Zimmertemperatur wieder durch die Öffnung.

● **Normalerweise dehnen sich feste Körper nach allen Seiten aus, wenn man sie erwärmt. Sie ziehen sich wieder zusammen, wenn man sie abkühlt.**

■ **A1** ◔ Warum ist die Ausdehnung des Drahtes in Versuch **V1** nicht so deutlich zu sehen, wenn man nur zwei Teelichter benutzt?

■ **A2** ◔ Marvin behauptet, dass die Kugel in Versuch **V2** stecken bleibt, weil sie durch die Flamme von einer Rußschicht umgeben wurde. Erläutere, wie du untersuchen kannst, ob Marvin recht hat. Begründe, was du als Ergebnis dieser Untersuchung erwartest.

Experimente planen und durchführen

Im Experiment mit dem Draht ist die Längenausdehnung deutlich kleiner als bei der Hochspannungsleitung. Welche Größen beeinflussen die Ausdehnung?

Vermutung: Die Hochspannungsleitung hat eine größere Länge als der Draht. Aber auch das Material und der Betrag der Temperaturänderung könnten die Ausdehnung beeinflussen.

Durchführung: Bei Untersuchungen der Abhängigkeit einer physikalischen Größe, die von mehreren Größen beeinflusst wird, ist es wichtig, beim Experiment nur jeweils eine Größe zu ändern und die anderen konstant zu halten.

1. Abhängigkeit von der Temperatur des Körpers: Ein Kupferrohr mit Zimmertemperatur (20 °C) wird von Wasser mit einer Temperatur von 50 °C durchflossen (→ B1). Der Zeigerausschlag wird auf der Skala markiert. Anschließend wird der Versuch mit 80 °C warmem Wasser wiederholt. Der Zeigerausschlag ist größer.

2. Abhängigkeit von der Länge des Körpers: Der Versuch wird so abgeändert, dass die Zeigervorrichtung in der Mitte des Rohres steht (→ B2). Damit wird nur noch die Längenänderung bei halber Rohrlänge angezeigt. Der Ausschlag des Zeigers ist jeweils nur noch halb so groß wie in Versuch 1.

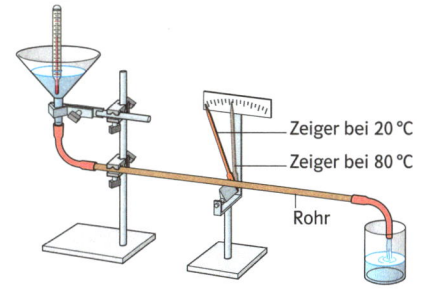

B2 Ausdehnung bei halber Länge

3. Abhängigkeit vom Stoff, aus dem der Körper besteht: Anstelle des Kupferrohrs wird ein Eisenrohr verwendet (→ B3). Die Zeigerausschläge sind kleiner als bei Versuch 1.

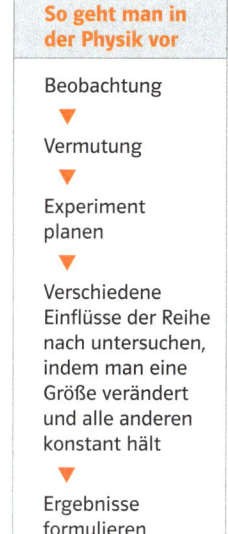

So geht man in der Physik vor

Beobachtung
▼
Vermutung
▼
Experiment planen
▼
Verschiedene Einflüsse der Reihe nach untersuchen, indem man eine Größe verändert und alle anderen konstant hält
▼
Ergebnisse formulieren

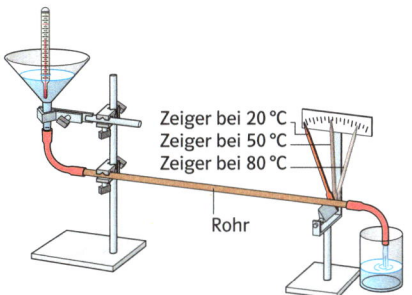

B1 Ausdehnung bei verschiedenen Temperaturänderungen

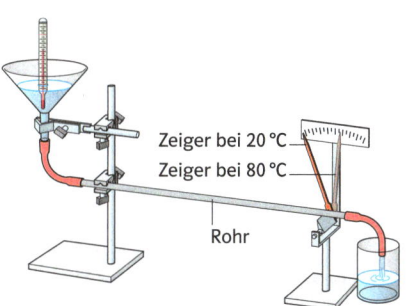

B3 Ausdehnung bei einem anderen Material

Unterschiedliche Ausdehnung Wie stark sich feste Körper ausdehnen, hängt von verschiedenen Größen ab. Es gilt:

● Je größer die Temperaturänderung, desto größer ist die Ausdehnung des Körpers bei gleicher Länge und gleichem Stoff.

● Je größer die Länge des Körpers, desto größer ist die Ausdehnung bei gleicher Temperaturänderung und gleichem Stoff.

● Die Ausdehnung eines Körpers hängt bei gleicher Temperaturänderung und Länge von dem Stoff, aus dem der Körper besteht, ab.

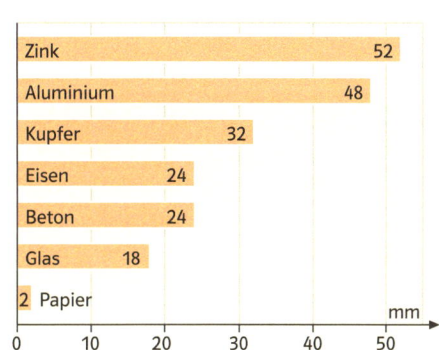

B4 So viel werden 100 m lange Stäbe bei einer Temperaturerhöhung von 20 °C länger.

Die Ausdehnung fester Körper

1 Ein Bolzen aus Eisen wird in eine Halterung einge-
klemmt. Die bewegliche Mittelstange wird erhitzt
und mit dem Keil festgespannt (Bild 1). Bild 2 zeigt,
was nach einigen Minuten passiert. Erkläre das Versuchsergebnis.

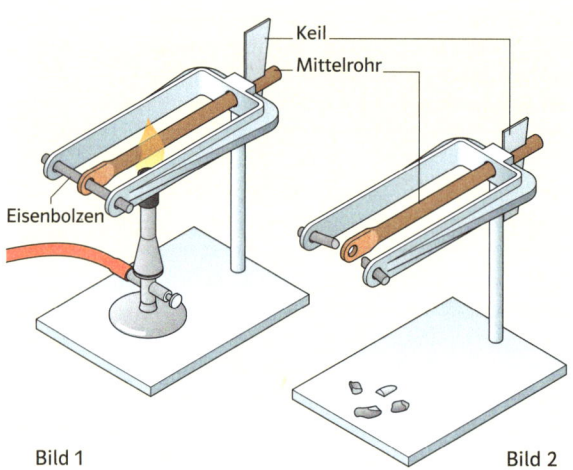

Bild 1 Bild 2

_____

_____

_____

_____

_____

_____

2 Lea führt im Physikunterricht den folgenden Versuch durch. Sie will überprüfen, ob sich verschiedene Me-
talldrähte unterschiedlich stark ausdehnen. Sie hat einen Eisen-, einen Aluminium- und einen Kupferdraht
untersucht und das Ergebnis in die folgenden drei Skizzen eingezeichnet.

a) Beschreibe und deute das Versuchsergebnis.

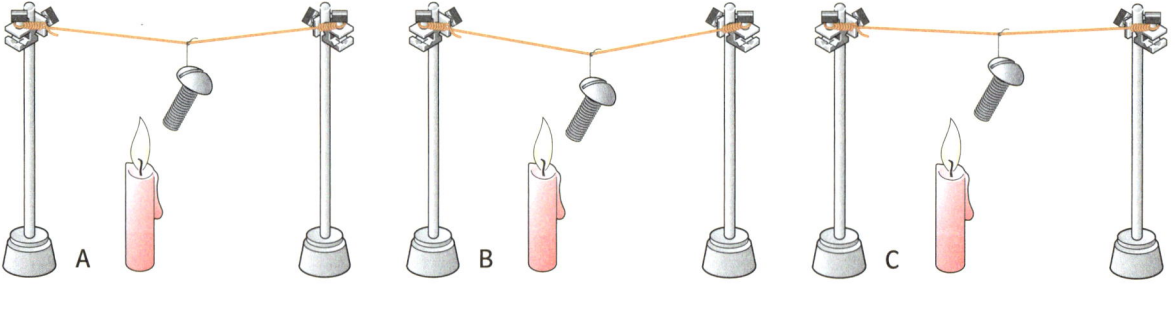

A   B   C

_____

_____

_____

b) Ordne den Skizzen mithilfe des Diagramms
rechts die richtigen Metalle zu.

_____ Eisen, _____ Kupfer, _____ Aluminium

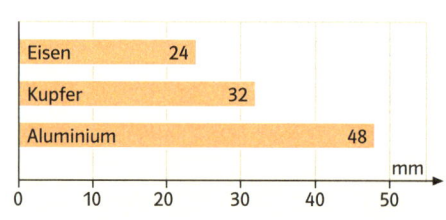

Verlängerung in mm bei 20°C Temperaturanstieg

Vermutungen durch Experimente überprüfen

Das Bimetall – eine krumme Sache? Nimm einen schmalen Streifen „Silberpapier" aus einer Kaugummipackung und halte ihn vorsichtig über eine Kerzenflamme. Er krümmt sich nach oben.

Erste Vermutung: Die warme Luft steigt von der Flamme hoch und drückt das Papier nach oben. Wenn diese Vermutung stimmt, dann müsste sich das Silberpapier auch nach oben krümmen, wenn es umgekehrt über die Flamme gehalten wird. Nach Durchführung des Experimentes stellt man fest: Dieses Mal krümmt sich das Silberpapier nach unten. Es ist daher klar, dass die Vermutung falsch war.

Wir experimentieren jetzt mit einem sogenannten Bimetallstreifen, der aus zwei verschiedenen Metallen, die fest zusammengefügt sind, besteht. Auch dieser krümmt sich, wenn man ihn über eine Flamme hält.

Zweite Vermutung: Die beiden Metallstreifen dehnen sich bei Temperaturerhöhung unterschiedlich stark aus. Besteht das Bimetall aus einem Aluminium- und einem Eisenstreifen, so dehnt sich der Aluminiumstreifen stärker aus. Der Bimetallstreifen biegt sich in die Richtung des Eisenstreifens (→**B2**).

Für unser Anfangsexperiment erkennen wir jetzt: Das Silberpapier besteht aus zwei verschiedenen Materialien: einem Papier- und einem Metallstreifen. Bei Erwärmung dehnt sich der Papierstreifen weniger aus als der Metallstreifen. Dadurch krümmt sich das Silberpapier. Das Papier bildet die kürzere Innenkurve.

In verschiedenen Geräten findet man „Bimetall-Schalter". So wird z. B. in Bügeleisen und Kaffeemaschinen die Krümmung bei Temperaturänderung eines Bimetalls genutzt, um einen Stromkreis zu öffnen bzw. zu schließen.

Stahlbeton ist ein häufig eingesetztes Baumaterial. Die Kombination der beiden Werkstoffe Stahl und Beton funktioniert aber nur deshalb so gut, weil beide bei gleicher Temperaturerhöhung die gleiche Ausdehnung haben. Hier tritt gerade nicht die beim Bimetallstreifen beobachtete Krümmung auf.

■ **A1** ◓ Erkläre die Funktionsweise des in Abbildung **B3** abgebildeten Thermometers.

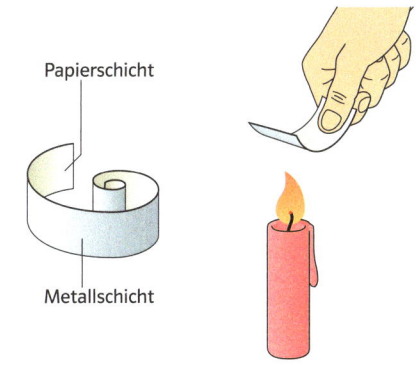

Papierschicht

Metallschicht

B1 Versuch mit dem Silberpapier einer Kaugummiverpackung

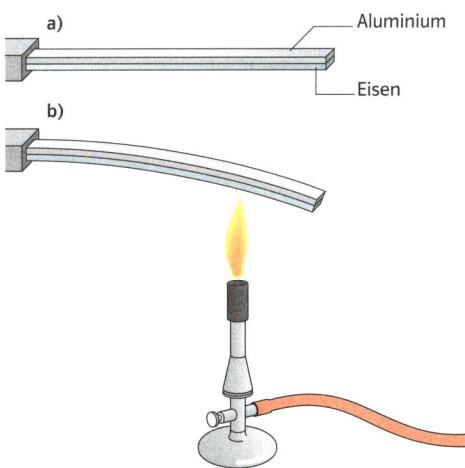

a)

Aluminium

Eisen

b)

B2 Ein Bimetallstreifen besteht aus zwei verschiedenen Metallen.

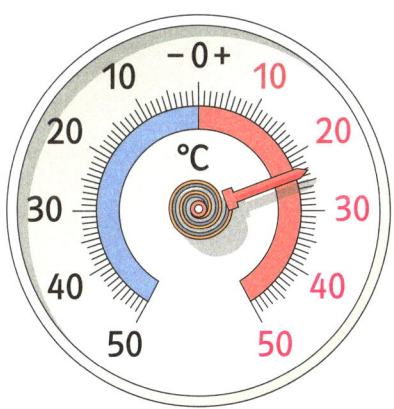

B3 Ein Bimetallthermometer besitzt einen aufgerollten Bimetallstreifen.

So geht man in der Physik vor

Beobachten

▼

Vermutungen zur Erklärung aufstellen

▼

Vermutungen durch Versuche überprüfen

▼

Ergebnisse mit Vermutungen vergleichen

▼

Beobachtung und Erklärung festhalten

Flüssigkeiten und Gase dehnen sich aus

V1 Ein mit Luft gefülltes Glasgefäß wird mit einem durchbohrten Stopfen verschlossen. Durch das Loch im Stopfen wird ein Glasrohr gesteckt. Tauche das Glasrohr ins Wasser und umfasse das Glasgefäß mit beiden Händen. Aus dem Glasrohr treten Gasblasen aus (→**B1**).

V2 Zwei gleiche Gefäße mit Steigrohren werden mit Wasser bzw. mit Alkohol gefüllt (→**B2**). Durch gleichzeitiges Eintauchen der Gefäße in ein Wasserbad wird die Temperatur der Flüssigkeiten in gleicher Weise erhöht. Die Flüssigkeitssäule beim Alkohol steigt wesentlich höher.

B1 Versuch zur Ausdehnung von Luft

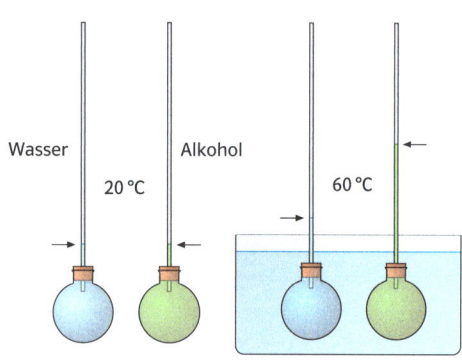

B2

Wir ändern die Temperatur von Flüssigkeiten und Gasen

Mit einer gut gekühlten leeren Flasche aus dem Kühlschrank und einer Münze über ihrer Öffnung kann man ein erstaunliches Experiment machen. Legen eine oder mehrere Personen die Hände um die Flasche, so beginnt nach einiger Zeit die Münze zu klappern, als ob ein Flaschengeist vorhanden sei. Der Grund hierfür ist, dass sich die Luft in der Flasche schon beim Erwärmen mit den Händen merklich ausdehnt und aus der Flasche entweicht.

Auch Wasser ändert sein Volumen, wenn man seine Temperatur ändert. Dieselben Beobachtungen macht man auch bei anderen Flüssigkeiten (Alkohol, Öl …) und bei anderen Gasen (Wasserstoff, Propangas …). Je mehr die Temperatur zunimmt, desto mehr vergrößern sie ihr Volumen. Bei Gasen beobachtet man die Ausdehnung sogar schon bei geringen Temperaturänderungen, z. B. bei einer Erwärmung mit den Händen (→**B1** und **B3**).

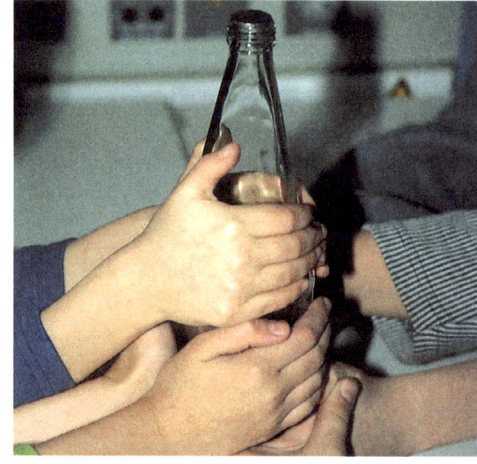

B3 Der Münzentrick

● **Flüssigkeiten und Gase dehnen sich aus, wenn ihre Temperatur zunimmt. Nimmt die Temperatur ab, ziehen sie sich wieder zusammen.**

Um die Ausdehnung einer Flüssigkeit gut sichtbar zu machen, benutzt man oft Kolben mit schmalen **Steigrohren**. Der Kolben dient als **Vorratsbehälter** für die Flüssigkeit (→**B4**). Wird der Kolben erwärmt, so vergrößert sich das Volumen der Flüssigkeit darin und der **Flüssigkeitsfaden** im Steigrohr wird länger. Wie hoch die Flüssigkeit in einem solchen Rohr steigt, hängt auch von seinem Durchmesser ab. Bei

einem dickeren Steigrohr ist das zusätzliche Volumen zwar dasselbe wie bei dem dünneren, die Steighöhe ist aber geringer.

A1 ○ Einen eingedrückten Tischtennisball kann man wieder ausbeulen, wenn man ihn mit kochendem Wasser übergießt. Erkläre!

A2 ○ Warum ist eine in der Sonne aufgepumpte Luftmatratze nachts ganz schlaff?

A3 ○ Warum sollte man im Sommer den Benzintank eines Autos nicht zu voll füllen?

A4 ◑ Mit Hilfe eines Messbechers lässt sich Versuch **V1** so erweitern, dass du feststellen kannst, wie viel Luft aus dem Glasgefäß ausgetreten ist. Beschreibe den neuen Versuch.

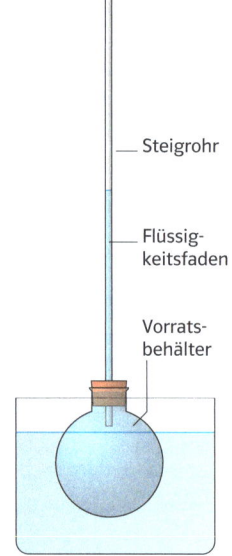

— Steigrohr

— Flüssigkeitsfaden

— Vorratsbehälter

B4 Messung der Ausdehnung einer Flüssigkeit bei Erwärmung

Unterschiedliche Ausdehnung

Bei der Erwärmung fester Körper hängt die Ausdehnung von der Temperaturänderung, der Art des Stoffes und den Abmessungen des Körpers, zum Beispiel von seiner Länge, ab. Gelten ähnliche Zusammenhänge auch bei Flüssigkeiten?

Das Verhalten von Flüssigkeiten bei Erwärmung   Um dies zu untersuchen, führen wir drei Experimente durch. Dabei verändern wir bei jedem Versuch immer nur eine Messgröße oder den Stoff. Dieses Vorgehen wird in der Physik oft angewandt, um das Wirken der einzelnen Einflussgrößen genau zu erkennen.

▎**V1** Wir tauchen einen Kolben mit Steigrohr in Wasser unterschiedlicher Temperatur und beobachten die Höhe des Flüssigkeitsfadens. Ein Ansteigen des Flüssigkeitsfadens bedeutet eine Volumenvergrößerung. Bei lauwarmem Wasser ist der Flüssigkeitsfaden länger als bei kaltem Wasser; bei heißem Wasser ist der Flüssigkeitsfaden noch länger.

● **Je stärker die Temperatur einer Flüssigkeit zunimmt, desto mehr vergrößert sich ihr Volumen.**

▎**V2** Nun erwärmen wir Kolben mit unterschiedlichem Volumen und gleichem Steigrohr. Wir vergleichen den Flüssigkeitsanstieg: Bei einem Kolben mit doppelter Vorratsmenge ist der Anstieg der Flüssigkeit doppelt so groß (→ **B3**), bei einem Kolben mit dreifacher Vorratsmenge ist der Anstieg der Flüssigkeit dreimal so groß usw.

● **Je größer das Volumen einer Flüssigkeit ist, desto größer ist bei einer Temperaturerhöhung oder Temperaturerniedrigung die Volumenänderung.**

▎**V3** Die Ausdehnung verschiedener Flüssigkeiten bestimmen wir, indem wir die Flüssigkeiten gleich hoch in Reagenzgläser mit Steigrohren füllen. Erwärmen wir alle Reagenzgläser gleichmäßig in einem warmen Wasserbad, so stellen wir fest, dass sich die Flüssigkeiten unterschiedlich stark ausdehnen (→ **B2**).

● **Verschiedene Flüssigkeiten dehnen sich unterschiedlich stark aus.**

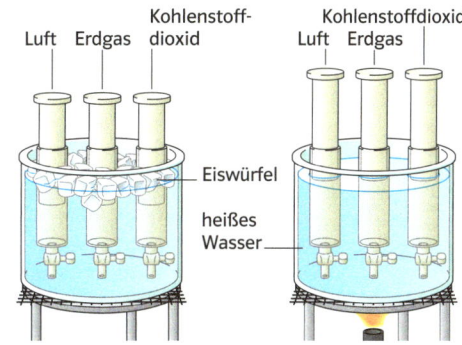

B1 Alle Gase dehnen sich gleich stark aus.

Gase bei der Erwärmung   Untersucht man in gleicher Weise die Ausdehnung verschiedener Gase (→ **B1**), dann findet man heraus, dass sich bei gleicher Temperaturerhöhung alle Gase gleich stark ausdehnen. Das ist ein wichtiger Unterschied zur Ausdehnung von Flüssigkeiten und von festen Stoffen. Die Ausdehnung der Gase bei Temperaturerhöhung ist wesentlich größer als bei festen Stoffen und bei Flüssigkeiten.

● **Alle Gase dehnen sich bei gleicher Temperaturerhöhung gleich stark aus. Gase dehnen sich bei derselben Temperaturerhöhung wesentlich stärker aus als Flüssigkeiten und feste Stoffe.**

▎**A1** ◒ Wie hängt die Steighöhe bei einem Kolben mit Steigrohr von der Temperatur der Flüssigkeit, der Dicke des Steigrohres und der Größe des Vorratsbehälters ab? Formuliere mit „Je ..., desto ..."!

▎**A2** ◒ Begründe, warum es sinnvoll war, bei unseren Untersuchungen Temperaturänderung, Volumen und Stoff nacheinander zu verändern.

So gehen Physiker vor

Beobachtung
▼
Vermutung
▼
Experiment planen
▼
Verschiedene Einflüsse der Reihe nach untersuchen, indem man eine Größe verändert und alle anderen konstant hält
▼
Ergebnisse formulieren

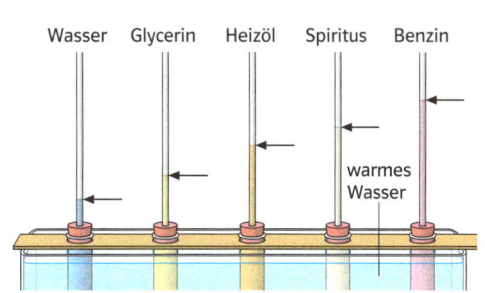

B2 Verschiedene Flüssigkeiten dehnen sich unterschiedlich aus.

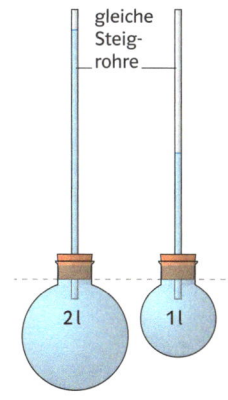

B3 Steighöhe bei verschiedenen Vorratsbehältern

Gase und Zustandsgrößen

B1

VORSICHT! Quecksilber-
dämpfe sind gesund-
heitsschädlich!

■ **V1** Ein luftgefülltes kaltes Glasgefäß wird mit einem durchbohrten Stopfen verschlossen. Durch das Loch im Stopfen wird ein Glasrohr gesteckt. Tauche das Glasrohr ins Wasser und umfasse das Glasgefäß mit beiden Händen. Aus dem Glasrohr treten Blasen aus (→ **B1**).

■ **V2** In einem Glasrohr wird eine Luftmenge von einem Tropfen Quecksilber eingeschlossen. Das obere Ende des Rohres ist luftdurchlässig mit einem Stoff gefüllt, der die Luft im Rohr trocken hält und keine Quecksilberdämpfe nach außen dringen lässt (→ **B2a**). Das untere Ende des Glasrohres wird in Wasser getaucht,

das erhitzt wird. Wir messen die immer höher steigende Temperatur und das Volumen der eingeschlossenen Luftmenge und erhalten:

ϑ in °C	20	40	60	80	90
V in cm³	60	64	68	72	74

■ **V3** Ein mit Luft gefülltes Glasgefäß wird mit einem doppelt durchbohrten Stopfen verschlossen. Durch die eine Öffnung ragt ein Thermometer, in die andere wird ein Rohr mit einem Dreiwegehahn gesteckt, an dessen einem Ende ein Druckmesser angebracht ist (→ **B2b**).

Das Glasgefäß wird in einem Wasserbad erhitzt, bis das Wasser siedet. So lange bleibt die Verbindung zur Außenluft geöffnet. Dann wird der Hahn geschlossen. Wir messen den Druck und die Temperatur der Luft im Gefäß, während sich das Wasser wieder abkühlt. Wir messen:

ϑ in °C	90	80	60	40	20
p in hPa	1240	1200	1140	1070	1000

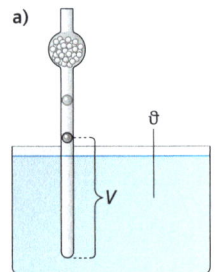
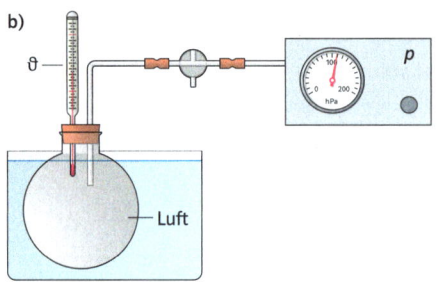

B2 Volumen- (a) und Druckänderung (b) bei Temperaturänderung

Zustandsgrößen und ideales Gas Gase nehmen immer vollständig den verfügbaren Raum ein. Darin unterscheiden sie sich von Flüssigkeiten und Festkörpern. Im Gegensatz zu ihnen lassen sich Gase durch äußeren Druck stark zusammendrücken. Dabei erhitzt sich das Gas, was sich z. B. beim Pumpen mit der Luftpumpe beobachten lässt.

Diese Beobachtungen legen es nahe, die Größen Volumen, Druck und Temperatur zur Beschreibung des Zustandes eines Gases zu nutzen. Durch Angabe aller drei Größen ist der Zustand eines Gases sogar eindeutig festgelegt.

Man nennt solche Größen daher **Zustandsgrößen**. Sie sind unabhängig davon, auf welche Weise das Gas in den vorliegenden Zustand gebracht wurde.

Experimente zeigen, dass bei gleichbleibendem Druck das Volumen einer eingeschlossenen Gasmenge von ihrer Temperatur abhängt (→ **B3a**). Wird das Anfangsvolumen verändert, so ändert sich die Steigung der Geraden.

Verlängert man diese Geraden in den Bereich negativer Temperaturwerte, so schneiden sich alle Geraden im **absoluten Nullpunkt** bei $T = 0\,\text{K}$ ($ϑ = -273\,°C$).

Wird in einer anderen Versuchsreihe bei gleichbleibendem Volumen die Änderung des Druckes einer Gasmenge in Abhängigkeit von der Temperatur gemessen, so ergeben sich ebenfalls Geraden, die sich im absoluten Nullpunkt schneiden (→ **B3b**).

Die Verlängerung der Geraden bis zum absoluten Nullpunkt ist nur theoretisch, denn sie setzt ja voraus, dass die Gasteilchen kein eigenes Volumen haben und eine betrachtete Gasmenge theoretisch am absoluten Nullpunkt kein Volumen mehr besitzt und „verschwindet".

Weiter wird vorausgesetzt, dass keine anziehenden oder abstoßenden Kräfte zwischen den Teilchen wirken, alle Stöße vollkommen verlustfrei („elastisch") sind und die gesamte Energie der Teilchen in ihrer Bewegung steckt. Ein gedachtes Gas mit solchen Eigenschaften heißt **ideales Gas**.

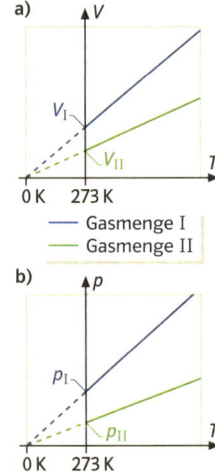

B3 Thermische Änderung von Zustandsgrößen

„Regelwidriges" Verhalten bei Wasser

Hast du dich schon einmal gefragt, wie Fische in einem zugefrorenen Teich überleben können? Im Winter kühlt sich das Wasser an der Oberfläche eines Teichs ab und zieht sich zusammen. Dadurch passt in ein festes Volumen, z. B. einen Würfel, mehr Wasser hinein als vor der Abkühlung. Das Wasser in diesem Volumen wird deshalb schwerer und sinkt nach unten. Anderes, wärmeres Wasser steigt nach oben und nimmt seinen Platz ein. Langsam nimmt so die Temperatur des gesamten Wassers im Teich ab. Das geschieht so lange, bis der ganze Teich eine Temperatur von 4 °C erreicht hat. Von dieser Temperatur an sinkt das kühlere Oberflächenwasser nicht mehr ab: Dies liegt daran, dass sich das Verhalten von Wasser ab dieser Temperatur von dem Verhalten anderer Flüssigkeiten unterscheidet. Kühlt man Wasser unter 4 °C ab, so dehnt es sich wieder aus (→ B2). Dies nennt man Anomalie des Wassers (anomal = gegen die Regel).

Kühlt sich also das Oberflächenwasser unter 4 °C ab, dehnt es sich wieder aus. Dadurch wird es leichter und sinkt nicht mehr nach unten. So kann der Teich an der Oberfläche gefrieren, während Fische auf seinem Grund genügend 4 °C warmes Wasser vorfinden, um zu überleben (→ B1).

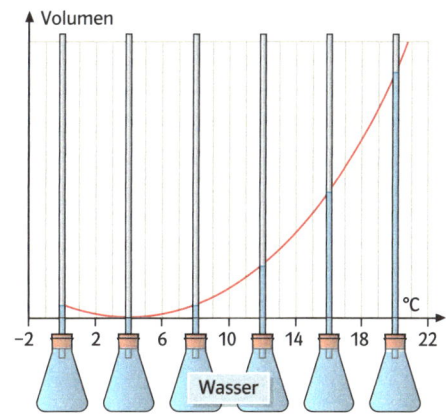

B2 Anomalie des Wassers

B3

Wasser hat außer der Anomalie (s. o.) noch einen weiteren Sonderfall zu bieten: Genau bei 0 °C, wenn Wasser gefriert, dehnt es sich extrem aus. Dies kann zu schweren Schäden führen: So können z. B. Rohre platzen, Straßen können aufbrechen, wenn das Wasser sich beim Gefrieren ausdehnt. Deswegen müssen Wasserleitungen, die auch im Winter betrieben werden sollen, tief in die Erde verlegt werden; hier sinkt die Temperatur fast nie unter 0 °C. Andere Leitungen werden vor Einbruch des Winters geleert. Aber auch im alltäglichen Leben kannst du davon betroffen werden. Vielleicht ist dir schon einmal eine Sprudelflasche im Eisfach geplatzt (→ B3).

B1 Ein Teich im Sommer und im Winter

Die Anomalie des Wassers

1 In einem Versuch werden Wasser und Alkohol der Temperatur +10 °C auf +2 °C abgekühlt. Bei +10 °C ist der Flüssigkeitsstand gleich hoch. Immer im Abstand von 2 °C wird nun der Flüssigkeitsstand im jeweiligen Steigrohr markiert. Die beiden Bilder zeigen das Versuchsergebnis. Beschreibe dieses Ergebnis.

a) Alkohol

Beschreibung: _____

_____

_____

_____

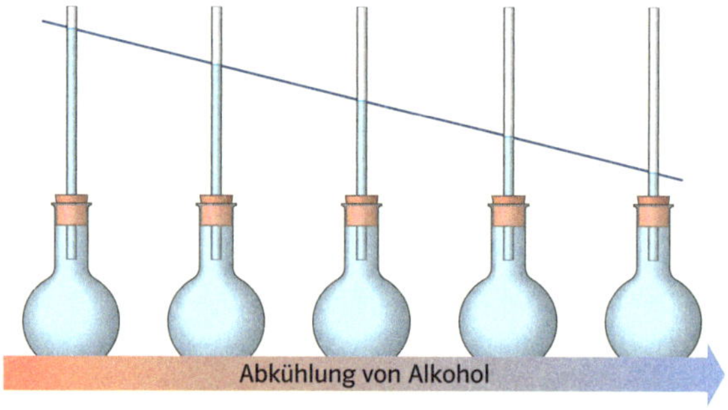

Abkühlung von Alkohol

b) Wasser

Beschreibung: _____

_____

_____

_____

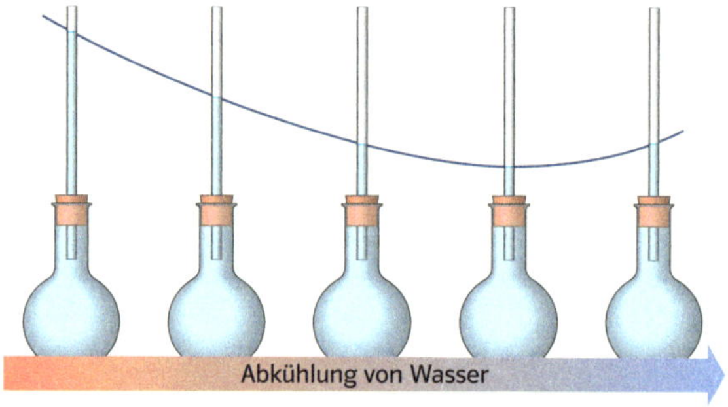

Abkühlung von Wasser

c) Formuliere mithilfe der Beschreibungen einen Merksatz.

_____

_____

_____

_____

2 Nur weil sich Wasser anders verhält als andere Flüssigkeiten, können Fische in einem ausreichend tiefen See den Winter überleben. Ergänze die Lücken in der Erklärung mit den folgenden Begriffen: *größere, kühlt, Oberfläche, sinkt, über, zusammengezogen*

Eis

0 °C

2 °C

4 °C

Im Winter _____ sich das Wasser an

der _____ ab. Das Wasser

der Temperatur 4 °C hat sich am stärksten _____ und hat damit eine

_____ Dichte als die restlichen Wasserschichten. Es _____ zu Boden. Dort halten sich

die Fische nun auf. Das kältere Wasser befindet sich _____ dem Wasser mit einer Temperatur von 4 °C.

Temperaturverlauf bei Aggregatzustandsänderungen

■ **V1** Pulverisiertes Fixiersalz in einem Reagenzglas wird im heißen Wasserbad erwärmt, bis es schmilzt (→ **B1**). In Abständen von jeweils einer Minute wird die Temperatur des Fixiersalzes gemessen. Anschließend lässt man das Fixiersalz unter ständigem Umrühren abkühlen, bis es erstarrt, und misst erneut jede Minute die Temperatur. Den Temperaturverlauf zeigt das Diagramm **B3**.

■ **V2** Wasser wird in einem Becherglas erwärmt. Alle 30 Sekunden wird seine Temperatur gemessen (→ **B2**). Anschließend wird das Experiment mit Petroleum wiederholt. Die beim Experiment gemessenen Temperaturverläufe zeigt das Diagramm **B4**.

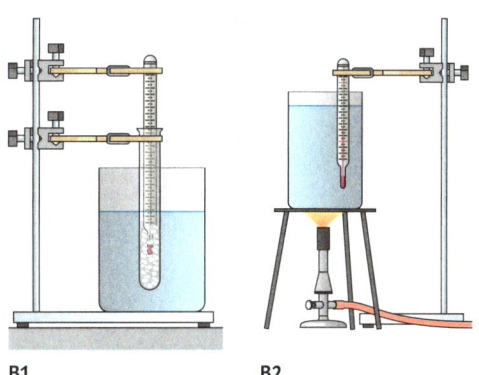

B1   B2

Schmelzen und Erstarren   Um Fixiersalz zu schmelzen, muss ihm Energie zugeführt werden. Solange das Fixiersalz schmilzt, also sowohl in fester als auch in flüssiger Form vorhanden ist, ändert sich die Temperatur nicht. Diese Temperatur heißt **Schmelztemperatur**. Entzieht man dem flüssigen Fixiersalz Energie, so erstarrt es bei seiner **Erstarrungstemperatur**. Schmelz und Erstarrungstemperatur sind gleich. Dies gilt für alle festen Körper.

Mit steigender Temperatur schwingen die Teilchen im Festkörper immer stärker. Sobald die Schmelztemperatur erreicht ist, können die Teilchen ihre festen Plätze verlassen – der Festkörper schmilzt. Die zugeführte Energie wird benötigt, um die starre Anordnung der Teilchen aufzulösen. Solange der Festkörper noch nicht ganz geschmolzen ist, steigt daher die Temperatur nicht weiter. Beim Erstarren laufen die Vorgänge entsprechend umgekehrt ab.

Verdampfen und Kondensieren   Um eine Flüssigkeit zu verdampfen, muss ihr Energie zugeführt werden. Solange die Flüssigkeit verdampft, ändert sich ihre Temperatur nicht. Diese Temperatur heißt **Siedetemperatur**.

In Flüssigkeiten bewegen sich die Teilchen unterschiedlich schnell. Beim Sieden bilden im Inneren der Flüssigkeit viele schnelle Teilchen eine Gasblase. Diese steigt in der Flüssigkeit auf und entlässt die Teilchen in die Umgebung. Die zugeführte Energie wird benötigt, um die schwache Wechselwirkung zwischen den Teil-

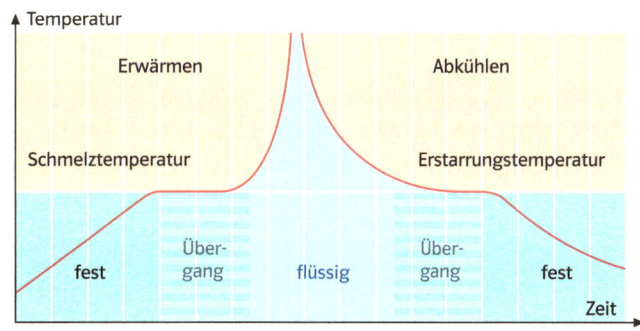

B3 Temperaturverlauf beim Schmelzen und Erstarren von Fixiersalz

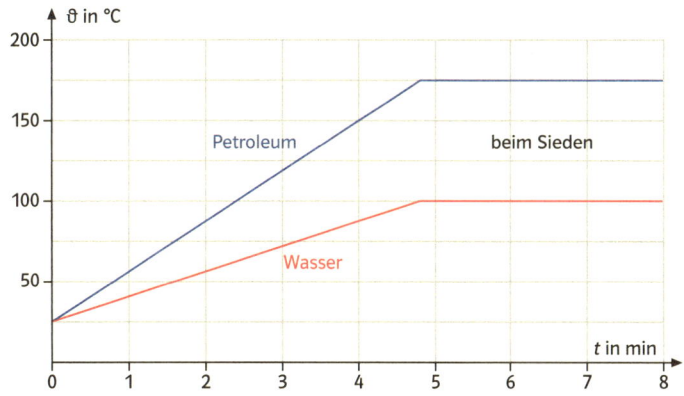

B4 Temperaturverlauf von Flüssigkeiten bei Zufuhr von Energie

chen der Flüssigkeit ganz aufzulösen. So lange die Flüssigkeit noch nicht vollständig verdampft ist, kann daher die Temperatur nicht weiter steigen. Beim Kondensieren laufen die Vorgänge entsprechend umgekehrt ab.

1　a) Die Temperatur gibt an, _____

b) Temperaturen misst man mit _____

c) Man kann folgende Aggregatzustandsänderungen unterscheiden:

2　Ein Metallstück, das aus zwei verschiedenen Metallschichten besteht, nennt man Bimetall. Beim Erwärmen dehnen sich die Schichten unterschiedlich stark aus. Deswegen verbiegt sich das Bimetall.
Bestimme mithilfe der Tabelle, in welche Richtung sich die folgenden Bimetalle bei einer Erwärmung biegen.

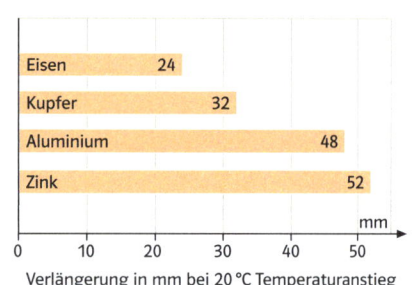

Eisen 24
Kupfer 32
Aluminium 48
Zink 52

0　10　20　30　40　50　mm
Verlängerung in mm bei 20 °C Temperaturanstieg

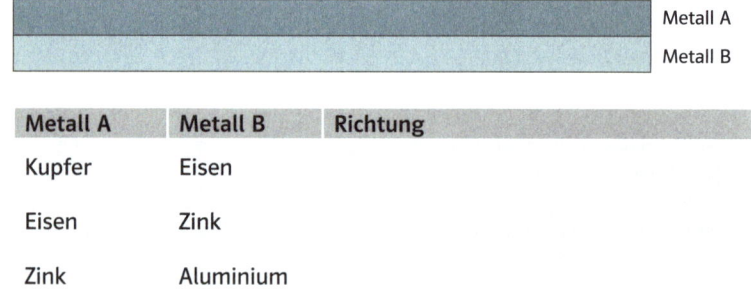

Metall A	Metall B	Richtung
Kupfer	Eisen	
Eisen	Zink	
Zink	Aluminium	

3　Im Wasserbad steht eine Flasche, über deren Öffnung ein Luftballon gestülpt wurde.

a) Zeichne in das Bild deine Vermutung ein, wie der Ballon bei b) und c) aussehen wird.

b) Begründe deine Vermutung.

_____

_____

_____

_____

_____

_____

_____

_____

_____

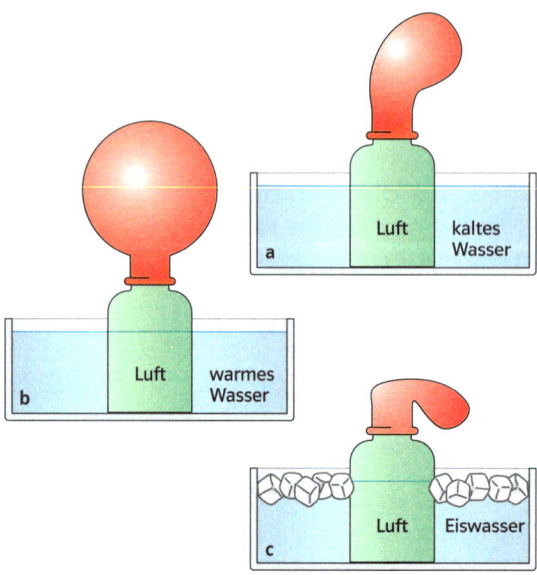

a　Luft　kaltes Wasser

b　Luft　warmes Wasser

c　Luft　Eiswasser

🌐 **Surftipp**
gp3k6g

Bewegung und Wechselwirkung

Wieso kann die Forschungssonde das Weltall durchfliegen, ohne dabei große Mengen an Treibstoff zu verbrauchen?

Bewegungen

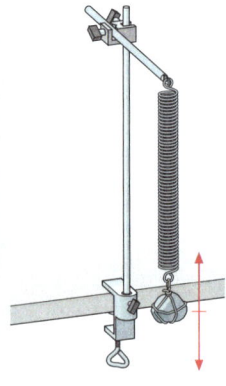

■ **V1** Befestige eine Feder an einem Stativ und hänge ein kleines Gewicht ans untere Ende der Feder. Ziehe an dem Gewicht und lasse es los. Beschreibe die Bewegung, die das Massestück ausführt (→**B1**)! Wiederhole den Versuch, indem du in verschiedene Richtungen ziehst!

■ **V2** Wir basteln eine rasende Garnrolle, die von einem Gummimotor angetrieben wird (→**B2**). **a)** Welche Garnrolle ist schneller? Deine oder die von deinem Nachbarn? Wie kann man das am einfachsten herausfinden? Beschreibe das Verfahren! **b)** Bewegt sich die

Garnrolle immer gleich schnell? Beschreibe die Bewegung, die die Garnrolle ausführt!

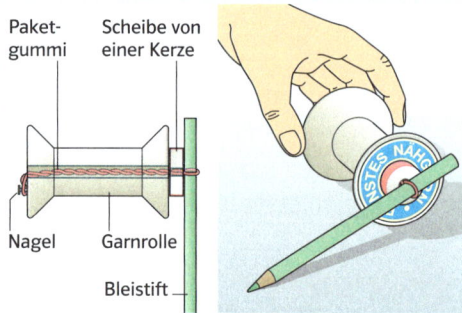

B2

B1

B3 Bewegungen unterschiedlich beobachtet

B4 Kettenkarussell auf dem Rummelplatz

Bewegung und Ruhe Stell dir vor, du stehst auf einem Rummelplatz und schaust dich um. Alles um dich herum scheint in Bewegung zu sein, ein einziges Gewimmel von Menschen und Karussells. Kaum etwas ist in Ruhe. Was ist eigentlich Bewegung und was ist Ruhe? Bummelt ein Besucher über den Platz, so befindet er sich nach einiger Zeit an einem anderen Ort. Er hat sich bewegt. Die Gebäude und Marktstände haben derweil ihren Ort auf dem Rummelplatz nicht verändert, sie sind in Ruhe.

Ob sich etwas bewegt oder ob es ruht, hängt auch vom Standpunkt des Beobachters ab. Steht man neben dem Karussell, so bewegen sich die Wagen und Fahrgäste schnell vorbei (→**B3** links). Sitzt man dagegen selbst in einem Wagen, so scheint sich die Umgebung um uns herum zu bewegen, während die Fahrgäste ruhig auf ihren Plätzen sitzen (→**B3** rechts).

Nirgendwo kann man so vielfältige Bewegungen beobachten wie auf einem Rummelplatz. Menschen laufen über den Platz. Karussells schleudern ihre Fahrgäste in verwegenen Kurven auf und ab. Bei genauerer Betrachtung kann man verschiedene **Bewegungsformen** unterscheiden. Der Bus auf der Straße neben dem Rummelplatz bewegt sich **geradlinig**. Die Personen im Karussell (→**B4**) führen eine **Kreisbewegung** aus. Die Hin- und Herbewegung einer Schaukel nennt man **Schwingung**.

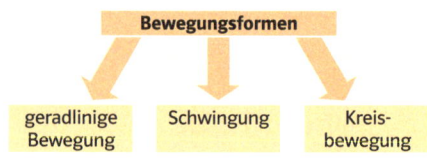

B5 Einteilung der Bewegungsformen

Bewegungsarten Eine Straßenbahn führt eine geradlinige Bewegung aus. Beim Annähern an eine Haltestelle wird sie immer langsamer und bleibt schließlich stehen (→ **B2**). Man sagt, die Bewegung erfolgt **verzögert**.

Nach kurzer Zeit fährt die Bahn weiter und wird dabei zunächst immer schneller. Eine immer schneller werdende Bewegung nennt man **beschleunigt**. Verzögerte und beschleunigte Bewegungen nennt man auch **ungleichförmige** Bewegungen. Nach einiger Zeit hat die Straßenbahn ihr Tempo erreicht, sie wird nun weder schneller noch langsamer, sondern behält ihr Tempo bei. Man nennt eine solche Bewegung **gleichförmig**.

Gleichförmige Bewegungen kann man in Natur und Technik beobachten. Die Rolltreppe in einem Kaufhaus und die Menschen darauf bewegen sich gleichförmig. Die Wolken am Himmel ziehen manchmal gleichförmig dahin. Das Wasser in großen Flüssen bewegt sich oft ebenfalls gleichförmig. Ein Auto bewegt sich in einer Stadt dagegen nur selten gleichförmig. Oft muss der Fahrer beschleunigen, dann kommt es wieder beim Abbremsen zu einer verzögerten Bewegung.

Auf der Autobahn ist es dagegen möglich, ein bestimmtes Tempo längere Zeit beizubehalten. Stoppt man bei einer solchen Bewegung die Zeit, die man braucht, um je einen Kilometer zu durchfahren, erhält man immer das gleiche Ergebnis. Man sagt:

● **Bei gleichförmigen Bewegungen werden in gleichen Zeitspannen gleiche Wege zurückgelegt.**

Man kann die Bewegungsarten wie folgt ordnen (→ **B1**): Bewegungsformen und Bewegungsarten treten in Natur und Technik oft in vielfältigen Verbindungen auf. Durchfährt die Straßenbahn eine Kurve, so bewegt sie sich

B2 Straßenbahn an einer Haltestelle

vorübergehend auf einer Kreisbahn. Auch auf der Kreisbahn kann sie schneller oder langsamer werden. Es gibt also auch gleichförmige und ungleichförmige Kreisbewegungen.

Bei der Schwingung einer Schaukel bewegen sich die Kinder ungleichförmig (→ **B3**). Die Schaukel selbst beschreibt dabei Teile einer Kreisbahn.

■ **A1** ○ Nenne die Bewegungsarten und die Bewegungsformen!

■ **A2** ○ Nenne Beispiele für Körper, die sich bewegen, und gib jeweils Bewegungsart und Bewegungsform an!

■ **A3** ◒ Erkläre den Unterschied zwischen einer gleichförmigen und einer ungleichförmigen Bewegung!

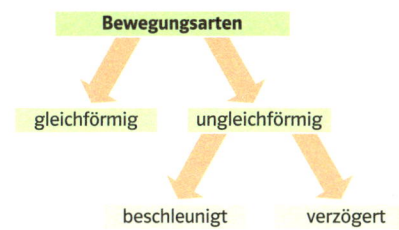

B1 Einteilung der Bewegungsarten

B3 Kinderschaukel

Schnell und langsam

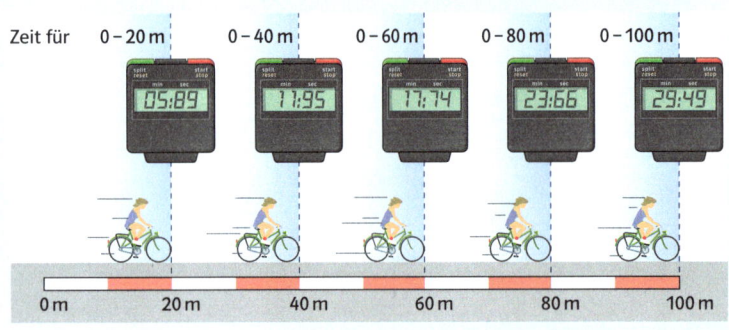

Zeit für 0 – 20 m 0 – 40 m 0 – 60 m 0 – 80 m 0 – 100 m

0 m   20 m   40 m   60 m   80 m   100 m

B1

B2

▮ **V1** Ein ungewöhnlicher Wettbewerb. Wer fährt mit dem Fahrrad am gleichmäßigsten? Zugelassen sind auch Fahrräder mit Tachometer. Im Abstand von 20 m wird die Zeit von einem Schiedsrichter gemessen. Die Länge des Fahrweges beträgt 100 m. Abbildung **B1** zeigt eine Beispielmessung.

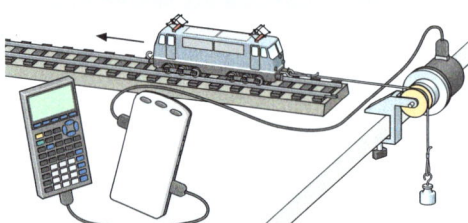

B3 Aufzeichnung der Geschwindigkeit

▮ **V2** Untersuche die Bewegung einer elektrischen Eisenbahn. Stelle dazu ein Metronom so ein, dass es jede Sekunde ein Signal gibt. Lege dann bei jedem Signal ein Markierungsklötzchen dort neben die Schienen, wo sich der vordere Teil der Bahn gerade befindet (→ **B2**). Der Abstand der Klötzchen ist immer ungefähr gleich.

▮ **V3** Eine Modell-Lokomotive fährt geradlinig. Alle 50 cm soll die Geschwindigkeit gemessen werden. Da die Lokomotive keinen Tachometer hat, lässt man sie mit Hilfe eines Fadens einen Tachometer antreiben (→ **B3**). Dessen Anzeige kann mit einem grafikfähigen Taschenrechner aufgezeichnet werden. Man erkennt, dass die Geschwindigkeit in etwa gleich bleibt.

Zeit t in s	Weg s in m	
	Fahrt 1	Fahrt 2
1	0,32	0,19
2	0,63	0,39
3	0,97	0,57
4	1,33	0,77
5	1,61	0,96

B4 In der Tabelle ist eine Zeitspanne zwischen zwei Messpunkten jeweils 1 s lang: Man schreibt $\Delta t = 1\,s$. Der griechische Buchstabe Δ (delta) gibt an, dass es sich um eine Differenz handelt.

Aufzeichnen einer Bewegung Im ICE geht die Fahrt von Hannover nach Frankfurt deutlich schneller als in einem anderen Zug. Der ICE benötigt für den gleichen Weg eine kürzere Zeit. In Tabelle **B4** sind Messwerte von Versuchen mit einer Modell-Lokomotive wiedergegeben. Gemessen wurden der zurückgelegte Weg s und die dafür benötige Zeit t für zwei verschiedene Fahrten. Diese Werte beschreiben die Bewegung. Sie lassen sich in einem Zeit-Weg-Diagramm (kurz: t-s-Diagramm) darstellen (→ **B5**). Dabei wird festgelegt, dass die Zeit t auf der Rechtsachse (x-Achse) und der Weg s auf der Hochachse (y-Achse) aufgetragen wird. Bei unseren Versuchen lässt sich durch die Punkte eine Gerade zeichnen, die durch den Ursprung verläuft. Eine solche Ursprungsgerade ergibt sich immer dann, wenn nach dem Start in gleichen Zeiten jeweils gleich große Wege zurückgelegt werden. Die Bewegung wird dann **gleichförmig** genannt.

● **Zeigt das t-s-Diagramm einer Bewegung eine Ursprungsgerade, so handelt es sich um eine gleichförmige Bewegung.**

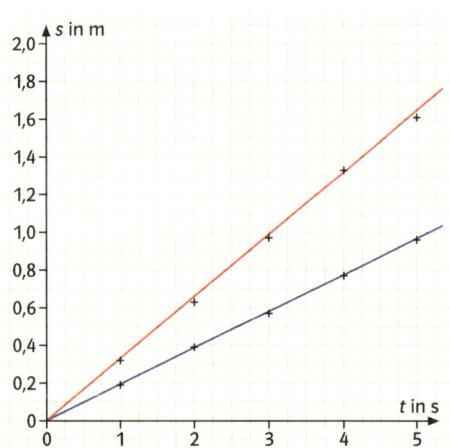

B5 Zeit-Weg-Diagramm der beiden Bewegungen

Die Geschwindigkeit Mathematisch deutet eine Ursprungsgerade darauf hin, dass die beiden im Diagramm aufgetragenen Größen proportional zueinander sind. Bei der gleichförmigen Bewegung sind die Größen der Weg s und die Zeit t.

● **Bei einer gleichförmigen Bewegung sind zurückgelegter Weg s und dafür benötigte Zeit t proportional zueinander.**

Weil bei einer gleichförmigen Bewegung Weg s und dafür benötigte Zeit t proportional zueinander sind, ist auch ihr Quotient konstant. Für Fahrt 2 aus Tabelle **B4** der vorangehenden Seite wird der Quotient s/t berechnet:

t in s	1	2	3	4	5
s in m	0,19	0,39	0,57	0,77	0,96
s/t in m/s	0,19	0,19	0,19	0,19	0,19

Die Wertetabelle zeigt, dass alle Wertepaare s und t **quotientengleich** sind.
Für Fahrt 1 ergibt sich ein Quotient von 0,32 m/s. Bei dieser Fahrt wurde ein größerer Weg in der gleichen Zeit zurückgelegt, der Quotient s/t ist größer.

Da der Quotient ein Maß für die Schnelligkeit einer Bewegung ist, wird er als neue Größe eingeführt und **Geschwindigkeit** genannt. Die Geschwindigkeit hat das Formelzeichen v (von lateinisch: velocitas = Schnelligkeit):

● **Der Quotient aus zurückgelegtem Weg s und dafür benötigter Zeitspanne t heißt Geschwindigkeit v.**

$$v = \frac{s}{t}$$

Einheiten der Geschwindigkeit sind (→**B2**):

$1\,\frac{m}{s} = 3{,}6\,\frac{km}{h}$ bzw. $1\,\frac{km}{h} = 0{,}28\,\frac{m}{s}$

Beispiel: Ein Radfahrer legt in $t = 4{,}7\,s$ den Weg $s = 20\,m$ zurück. Seine Geschwindigkeit beträgt:

$$v = \frac{s}{t} = \frac{20\,m}{4{,}7\,s} = 4{,}3\,\frac{m}{s} = 15{,}5\,\frac{km}{h}$$

Die Versuchsergebnisse zeigen:

● **Bei einer gleichförmigen Bewegung ist die Geschwindigkeit konstant.**

In einem Zeit-Geschwindigkeit-Diagramm (kurz: t-v-Diagramm) wird die Zeit t auf die Rechtsachse (x-Achse) und die Geschwindigkeit v auf die Hochachse (y-Achse) aufgetragen. Ein Fahrtenschreiber oder Computer zeichnet unmittelbar das t-v-Diagramm der Bewegung auf (→**B1**). Man erkennt, dass die Geschwindigkeit ungefähr konstant ist. Zu beiden Fahrten ist eine Ausgleichsgerade eingezeichnet, die parallel zur t-Achse verläuft. Für die Fahrten der beiden Modell-Lokomotiven ergeben sich die Werte $v_1 = 0{,}19\,m/s$ bzw. $v_2 = 0{,}32\,m/s$. Wenn für eine Bewegung die Geschwindigkeit v und die verstrichene Zeitspanne bekannt sind, kann daraus der zurückgelegte Weg ermittelt werden.

Aus $v = \frac{s}{t}$ folgt $s = v \cdot t$.

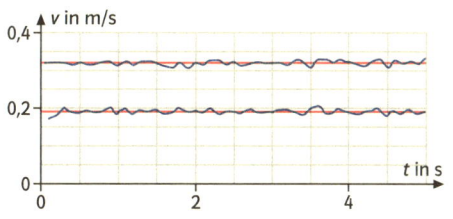

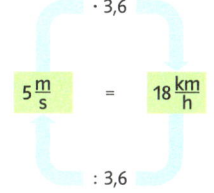

B1 t-v-Diagramm bei gleichförmiger Bewegung

B2

■ **A1** ○ Begründe, woran du im t-s- bzw. t-v-Diagramm die schnellere Lok erkennen kannst.

■ **A2** ◔ Zeichne zu Versuch **V1** ein t-s- und t-v-Diagramm. Entscheide, ob sich der Radfahrer gleichförmig bewegt hat.

■ **A3** ◔ Abbildung **B3** zeigt fünf Fotos eines Mofas auf einmal, aufgenommen im gleichen Zeitabstand. War die Bewegung auf dem kurzen Wegstück gleichförmig?

B3

Umgang mit Daten und Diagrammen

Die Bewegung einer Spielzeuglokomotive wird untersucht, um herauszufinden, ob sich die Lok gleichförmig bewegt. Im t-s-Diagramm müsste sich dann eine Ursprungsgerade ergeben. Für den Versuch gibt ein Metronom jede Sekunde ein Signal und der zurückgelegte Weg wird markiert. Die Messwerte für den Weg und die Zeit werden in eine Tabelle eingetragen.

t in s	0	1	2	3	4	5
s in m	0	0,33	0,68	1,05	1,41	1,75

1. Schritt: Achsenkreuz zeichnen

Wie du beim Zeichnen eines Achsenkreuzes vorgehen musst, siehst du am Rand.

Bei Bewegungen wird auf der Rechtsachse immer die Zeit t aufgetragen. Die Achsen sollten etwa 8 bis 10 cm lang sein. Mit dieser Angabe und den größten Messwerten kannst du dir einen passenden Maßstab überlegen.

In unserem Beispiel ist der größte Wert für die Zeit $t = 5$ s. Wenn für eine Sekunde 2 cm gewählt werden, ist die Zeitachse 10 cm lang. Für die s-Achse könnte man 1 cm für 0,2 m wählen.

2. Schritt: Messpunkte und Ausgleichsgerade

Zeichne für jedes Wertepaar (t/s) ein kleines Kreuzchen ein.
Wenn die Messpunkte so liegen, dass sie etwa eine Gerade bilden, dann zeichne die Gerade mit dem Lineal in eins durch. Dabei befinden sich einige Punkte ein wenig ober- und unterhalb der Geraden. Das Diagramm sieht dann wie in Abbildung **B1** aus.

Man nennt eine solche Gerade **Ausgleichsgerade**.

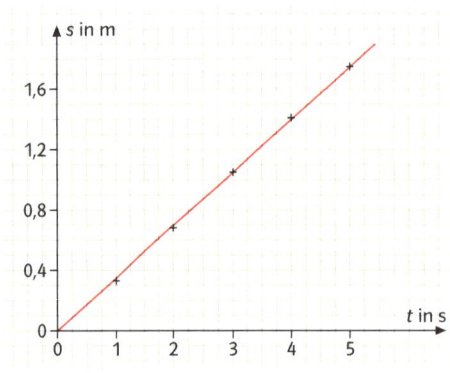

B1

So wird ein Diagramm gezeichnet

Waagerechte und senkrechte Achse zeichnen.

▼

Maßstab festlegen.

▼

Achsen beschriften (Formelzeichen und Einheit).

▼

Punkte einzeichnen.

▼

Punkte eventuell verbinden.

Messfehler Der Versuch wird mit unveränderten Versuchsbedingungen dreimal wiederholt. Die Tabelle zeigt die Ergebnisse:

t in s	0	1	2	3	4	5
a) s in m	0	0,32	0,70	1,07	1,42	1,74
b) s in m	0	0,33	0,70	1,02	1,40	1,75
c) s in m	0	0,35	0,69	1,04	1,38	1,76

Dass nicht jeder Durchgang exakt die gleichen Werte liefert, liegt an Messfehlern, die bei jeder Art von Messung immer auftreten. Manchmal liegt dies am Messgerät. Mit einem Lineal kannst du z. B. nicht genauer als 1 mm messen.

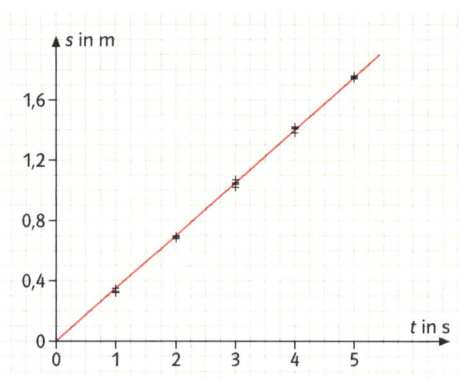

B2

Abbildung **B2** zeigt das t-s-Diagramm, wenn alle Messwerte der vier Messungen eingetragen werden. Die Ausgleichsgerade kann durch die Mitte der jeweils vier Kreuzchen gelegt werden.
Das Diagramm ist nun recht unübersichtlich geworden. Daher zeichnet man üblicherweise statt mehrerer Messwerte nur ihren **Mittelwert** ein. Dies ist zulässig, wenn die Versuchsbedingungen bei jeder Messung unverändert waren. Du kannst den Mittelwert berechnen, indem du die zusammengehörenden Werte addierst und das Ergebnis durch die Anzahl der Messungen teilst.
Zum Beispiel ist der Mittelwert des Weges s für die Zeit $t = 1$ s in unserem Beispiel:

$$\bar{s} = \frac{0,33\,\text{m} + 0,32\,\text{m} + 0,33\,\text{m} + 0,35\,\text{m}}{4} = 0,3325\,\text{m}$$

A1 ● Berechne die Mittelwerte für alle weiteren Zeiten. Trage sie dann in ein t-s-Diagramm ein und zeichne eine Ausgleichsgerade. Vergleiche mit den zwei anderen Diagrammen.

Rechnen mit proportionalen Zusammenhängen

Bestimmung der Schallgeschwindigkeit Ein Mitschüler soll sich in genau 400 m Entfernung von dir aufstellen. Er muss einen Knall erzeugen, z. B. durch das Zusammenklatschen von zwei Brettern. In dem Augenblick, in dem du siehst, dass der Knall erzeugt wird, drückst du auf eine Stoppuhr; sobald du den Knall hörst, drückst du erneut. Führe den Versuch fünfmal hintereinander durch und berechne aus den gemessenen Zeiten den Mittelwert (→ **B5**).

Der Schall hat in Luft eine konstante Geschwindigkeit, also ist die Schallausbreitung eine gleichförmige Bewegung. In diesem Fall gilt für die drei Größen Weg, Zeit und Geschwindigkeit: $s = v \cdot t$

Rechendreieck Das Rechendreieck **B6** hilft, wenn du v oder t ausrechnen willst und die anderen zwei Größen gegeben sind. Überlege dir welche Größe gesucht ist und halte diese zu. Es bleibt stehen wie du rechnen musst. Ist zum Beispiel t gesucht, so bleibt s/v stehen.

Die Formel lautet also $t = \frac{s}{v}$

> **Beispiel:** Messung der Schallgeschwindigkeit
>
> gegeben: $s = 400\,\text{m}$, $t = 1{,}35\,\text{s}$
>
> gesucht: v
>
> Lösung: $v = \frac{s}{t} = \frac{400\,\text{m}}{1{,}35\,\text{s}}$
>
> $v = 296{,}3\,\frac{\text{m}}{\text{s}}$
>
> Antwort: Die Schallgeschwindigkeit beträgt 296,3 m/s.

B1 Beispielrechnung

B2 Blitz und Donner

Genauere Messungen ergeben, dass der Schall in Luft sogar 340 Meter in einer Sekunde zurücklegt. In festen und flüssigen Stoffen ist er noch schneller.

Dreisatzrechnung Willst du ausrechnen, wie lange der Schall für einen bestimmten Weg braucht, kannst du auch den Dreisatz verwenden. Du weißt, dass der Schall in einer Sekunde 340 m zurücklegt. Die Abbildung **B3** zeigt dir, wie weiter gerechnet wird, wenn der Weg 100 m beträgt.

> Gegeben:
>
> | Zeit in s | Weg in m |
> |---|---|
> | 1 | 340 |
> | ? | 100 |
>
> Lösung:
>
> | Zeit in s | Weg in m |
> |---|---|
> | 1 | 340 |
> | 0,00294 | 1 |
> | 0,29 | 100 |
>
> : 340 · 100   : 340 · 100
>
> Antwort: Der Schall hat die 100 Meter in 0,29 Sekunden zurückgelegt.

B3

■ **A1** ○ Beim 75-m-Lauf steht der Lehrer am Ziel und schlägt die Startklappe zusammen. Du startest, sobald du den Vorgang siehst. Wie viel Zeit gewinnst du gegenüber den Klassenkameraden, die beim Hören des Knalls starten?

■ **A2** ○ Wie lange braucht der Schall für 500 m, 1200 m, 5 km?

■ **A3** ◗ Wenn der Weg unbekannt und die Zeit gegeben ist, kannst du genauso rechnen wie vorher, aber in der anderen Spalte der Tabelle. Gesucht ist der vom Schall in 0,4 s; 2,5 s; 20 s; 30 min zurückgelegte Weg.

■ **A4** ◗ Während eines Gewitters ist der Blitz zuerst zu sehen und erst danach der Donner zu hören (→ **B2**).
Eine alte Regel lautet: „Zähle die Sekunden zwischen Blitz und Donner, teile die Zahl durch drei und du bekommst heraus, wie viele Kilometer das Gewitter entfernt ist." Begründe diese Regel!

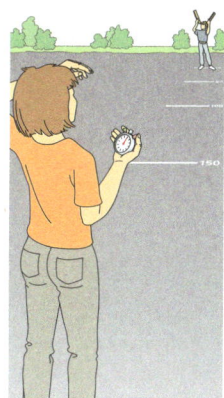

B4

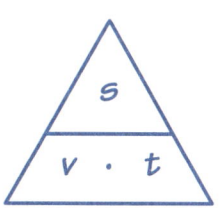

	t in s
t_1	1,42
t_2	1,33
t_3	1,29
t_4	1,37
t_5	1,34
$\bar{t}$	1,35

B5 Beispielmessung

B6 Rechendreieck

Beschleunigen und Bremsen

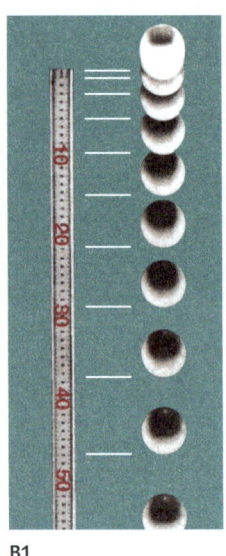

B1

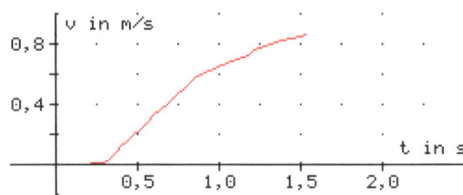

B2 *t-v*-Diagramm zu Versuch 2

■ **V1** Die Abbildung (→**B1**) zeigt die Stroboskop-Aufnahme einer fallenden Kugel. Ein Stroboskop ist ein Blitzlichtgerät. Das Bild wurde im Dunkeln aufgenommen und zeigt die Kugel nur in den Momenten, in denen das Stroboskop blitzt. Bei jedem Blitz ist die Kugel an einem anderen Ort, während immer die gleiche Zeitspanne verstrichen ist.

■ **V2** An einen Wagen wird ein aufgeblasener Luftballon mit einer Düse montiert (→**B2**). Die ausströmende Luft treibt den Wagen mit wachsender Geschwindigkeit auf der Fahrbahn voran. Mit einem Ultraschall-Bewegungssensor wird alle 0,1 s die Position des Wagens gemessen. Der Taschencomputer errechnet aus diesen Messwerten die Geschwindigkeit (→**B2**).

Beschleunigte Bewegung   Bei einer fallenden, kleinen Kugel wie in Abbildung **B1** ist der Luftwiderstand kaum bemerkbar. Eine solche Fallbewegung heißt freier Fall. Wir analysieren die Bewegung der Kugel, indem wir das *t-s*-Diagramm dazu zeichnen (→**B4**).

B3 Beim Wurf nach oben werden die Bälle langsamer, beim anschließenden Fall wieder schneller.

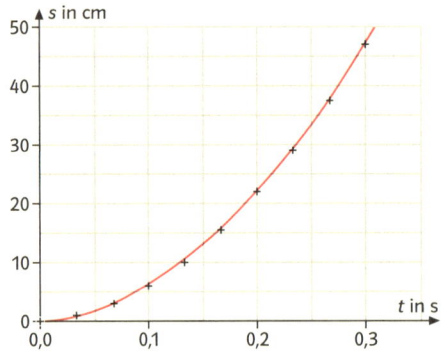

B4

Die Kurve durch die Messpunkte wird hier frei Hand gezeichnet, so dass keine Ecken entstehen.

Weil die Punkte nicht auf einer Geraden liegen, handelt es sich nicht um eine gleichförmige Bewegung. Daran, dass die Kurve mit fortschreitender Zeit immer steiler verläuft, ist zu erkennen, dass die Geschwindigkeit der Kugel wächst. Die Bewegung wird als **beschleunigte Bewegung** bezeichnet.

B5 Beim Sandbahnrennen wird ständig beschleunigt und gebremst.

● **Eine gekrümmte Kurve im *t-s*-Diagramm zeigt eine beschleunigte Bewegung an.**

Die Stroboskopaufnahme **B1** der fallenden Kugel sieht ganz genauso aus, wenn die Kugel von unten hochgeworfen wird. Das oberste Bild ist dann der Umkehrpunkt, ab dem die Kugel wieder herunter fällt.
Auf dem Weg nach oben wird die Kugel immer langsamer, sie wird abgebremst. Trotzdem wird auch diese Bewegung als beschleunigte Bewegung bezeichnet.

● **Bewegungen von Gegenständen, die schneller oder langsamer werden, heißen beschleunigte Bewegungen.**

■ **A1** ◗ Wie sieht das *t-s*-Diagramm für den Wurf einer Kugel nach oben aus (→**B3**)?

Die Beschleunigung Ein Fahrtenschreiber oder ein Sonarmeter mit grafikfähigem Taschenrechner liefern das t-v-Diagramm einer beschleunigten Bewegung sofort.
Bei einem anfahrenden Auto wurden folgende Werte für die Zeit t und Geschwindigkeit v mit einem Sonarmeter aufgenommen:

t in s	0	0,5	1	1,5	2	3	4	5
v in m/s	0	1,4	3,0	4,5	5,9	9,2	12,1	15,0

Das t-v-Diagramm **B1** zeigt: die Werte liegen annähernd auf einer Ursprungsgeraden (rot gezeichnet).
Nur wenn eine Bewegung gleichmäßig beschleunigt ist, ergibt sich im Zeit-Geschwindigkeit-Diagramm eine Ursprungsgerade. In diesem Fall sind die Zeit t und die Geschwindigkeit v proportional zueinander.

● **Bei einer gleichmäßig beschleunigten Bewegung sind erreichte Geschwindigkeit v und benötigte Zeit t proportional zueinander. Das t-v-Diagramm zeigt eine Ursprungsgerade.**

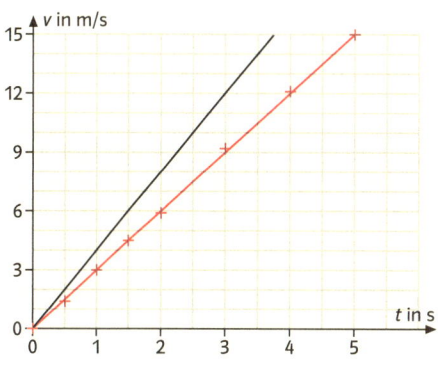

B1

Wenn t und v proportional zueinander sind, müssen alle Wertepaare den gleichen Quotienten ergeben. Wir berechnen die Quotienten für den Anfahrvorgang des Autos:

t in s	0	0,5	1	1,5	2	3	4	5
v in m/s	0	1,4	3,0	4,5	5,9	9,2	12,1	15,0
v/t in m/s²	–	2,8	3,0	3,0	3,0	3,1	3,0	3,0

Für die rote Ursprungsgerade ist der Quotient v/t ungefähr 3,0 m/s².
Die schwarze Gerade ist steiler und hat einen Quotienten von v/t = 4,0 m/s². Bei dieser Bewegung wurde eine größere Geschwindigkeit in der gleichen Zeit erreicht.

Der Quotient v/t ist ein Maß für die Schnelligkeit des Geschwindigkeitsanstiegs und wird daher als neue Größe eingeführt und Beschleunigung genannt. Die **Beschleunigung** hat das Formelzeichen a (von lateinisch: accelerare = beschleunigen):

● **Der Quotient aus erreichter Geschwindigkeit v und dafür benötiger Zeitspanne t heißt Beschleunigung a.**

$$a = \frac{v}{t}$$

Die Einheit der Beschleunigung ist $1\frac{\frac{m}{s}}{s} = 1\frac{m}{s^2}$.

Beispiel: Ein Auto benötigt 8 s, um vom Stillstand aus die Geschwindigkeit 72 km/h zu erreichen. 72 km/h = 20 m/s. Wir nehmen an, dass die Beschleunigung gleichmäßig erfolgte. Dann beträgt sie

$$a = \frac{20\frac{m}{s}}{8\,s} = 2,5\frac{m}{s^2}.$$

Hinweis:
Hier wird mit m und s wie mit Zahlen gerechnet.

B2 Beim Start kommt es auf die Beschleunigung an.

Autoprospekte enthalten meist Angaben zur Beschleunigung. Zum Beispiel steht dort: „Beschleunigung von 0 auf 100 km/h in 12,2 s." Oder „Von 0 auf 100 km/h in 9,8 s."
Die Beschleunigung wird hier durch eine Änderung der Geschwindigkeit von v_1 = 0 km/h auf v_2 = 100 km/h und die dafür benötigte Zeitspanne angegeben. Wird für die gleiche Geschwindigkeitsänderung eine kürzere Zeit benötigt, so ist Beschleunigung größer, die Geschwindigkeit ändert sich schneller.

■ **A1** ○ Bestätige für die schwarze Ursprungsgerade in Diagramm **B1** den angegebenen Beschleunigungswert, indem du zusammengehörige Werte von t und v abliest und die Quotienten berechnest.

■ **A2** ◒ Berechne für die beiden Angaben aus dem Autoprospekt die Beschleunigung a in m/s². Denke dabei an die Umrechnung von km/h in m/s!

Informationen aus Diagrammen entnehmen (1)

Ein spannendes Rennen – Interpretation von t-s-Diagrammen   Reale Bewegungen sind natürlich weder gleichförmig noch konstant beschleunigt. Das zeigt uns die Analyse des legendären Hundertmeterlaufs zwischen Carl Lewis (→B1, links) und Leroy Burrell (→B1, rechts) bei den Leichtathletik-Weltmeisterschaften 1991 in Tokio, bei dem Lewis die 100 m in damals sensationellen 9,86 s lief.

Das Zeit-Weg-Diagramm des Rennens (→B2) zeigt deutlich, wie spannend es während der Weltmeisterschaften zugegangen sein muss: Den besseren Start hatte Leroy Burrell erwischt. Bis zur Hälfte der Rennstrecke lag er klar vor Carl Lewis: Die 40-m-Marke passierte Burrell mit fast einem Meter Vorsprung.

Erst danach gelang es Lewis, überhaupt aufzuholen und sich Zentimeter für Zentimeter an Burrell heranzuarbeiten und den Vorsprung zu verkürzen. Nach 80 Metern konnte Lewis schließlich überholen. Das Ziel durchlief Carl Lewis nach 9,86 s – ein neuer Weltrekord – zwei Hundertstel vor Leroy Burrell. Im Ziel hatte Lewis knapp zwei Handbreiten Vorsprung vor seinem Landsmann.

Wie eng die Verfolgungsjagd war und wie wenig die Leistungen der beiden Spitzensportler auseinander lagen, wird noch eindrucksvoller deutlich, wenn man die Zeit gegen die jeweiligen Geschwindigkeiten von Lewis und Burrell aufträgt. Dann wird deutlich, dass Lewis nach knapp fünf Sekunden schneller war als Burrell – dennoch brauchte er weitere drei Sekunden, bis er an Burrell herangekommen war und ihn überholen konnte.

B1

B2

	Lewis		Burrell	
s in m	t in s	v in m/s	t in s	v in m/s
0	0,00		0,00	
10	1,88	5,32	1,83	5,46
20	2,95	9,35	2,89	9,43
30	3,87	10,87	3,79	11,11
40	4,76	11,24	4,68	11,24
50	5,60	11,90	5,54	11,63
60	6,45	11,76	6,41	11,49
70	7,29	11,90	7,28	11,49
80	8,12	12,05	8,12	11,90
90	8,99	11,49	9,00	11,36
100	9,86	11,49	9,88	11,36

Fahrzeugfahrten – Interpretation von *t-v*-Diagrammen

Die Abbildung **B1** zeigt das Zeit-Geschwindigkeit-Diagramm mehrerer Fahrzeuge. Es liefert viele Informationen.

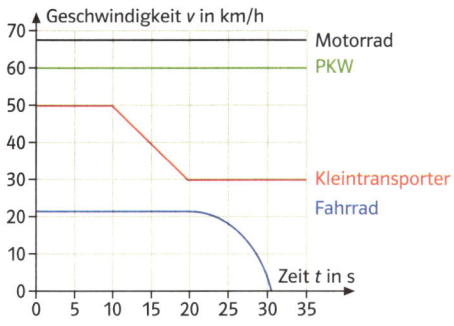

B1

Das Motorrad und der Pkw sind 35 Sekunden mit konstanter Geschwindigkeit gefahren. Sie haben sich gleichförmig bewegt. Die Geschwindigkeiten betrugen etwa 68 km/h bzw. 60 km/h. Der Kleintransporter hat sich in den ersten 10 Sekunden und den letzten 15 Sekunden gleichförmig bewegt. Dazwischen hat er innerhalb von 10 Sekunden seine Geschwindigkeit von 50 km/h auf 30 km/h vermindert. Das Fahrrad hat sich 20 Sekunden lang gleichförmig bewegt und dann gebremst. Die Geschwindigkeit verringerte sich zunächst langsam, dann jedoch immer schneller. Bei $t = 31\,s$ steht das Fahrrad und bewegt sich nicht mehr.

Diagramm **B2** zeigt eine längere Autofahrt. Das Auto fährt in der 1. Minute mit konstanter Beschleunigung, denn das *t-v*-Diagramm zeigt eine ansteigende Gerade. Die Beschleunigung lässt sich mit einem Steigungsdreieck bestim-

men. Dazu müssen die Angaben in die richtigen Einheiten umgerechnet werden: Benötigte Zeit: $1\,min = 60\,s$

Erreichte Geschwindigkeit: $48\,\frac{km}{h} = 13{,}33\,\frac{m}{s}$

Beschleunigung: $a = \frac{v}{t} = \frac{13{,}33\,m/s}{60\,s} = 0{,}22\,\frac{m}{s^2}$

Bei $t = 4\,min$ beschleunigt das Fahrzeug erneut. Die Beschleunigung ist kleiner als zu Beginn der Fahrt, denn die Steigung des Geradenstücks ist geringer.

Ablesen von Werten

Möchte man die Frage beantworten, wie groß die Geschwindigkeit bei der in Abbildung **B2** dargestellten Fahrt zur Zeit $t = 2\,min$ war, so kann die Lösung – 50 km/h – abgelesen werden. Dazu denkst du dir von der „2" auf der Zeitachse eine senkrechte Linie nach oben wie in Abbildung **B2** eingezeichnet. Durch Anlegen des Geodreiecks kannst du genau ermitteln, wo die Senkrechte die gezeichnete Kurve schneidet. Von dort denke dir (wieder mit Hilfe des Geodreiecks) eine zur Zeitachse parallele Linie nach links. Diese Linie trifft die Hochachse bei $v = 50\,km/h$. Genau umgekehrt gehst du vor, wenn die Zeit gesucht wird, zu der das Fahrzeug eine bestimmte Geschwindigkeit besaß. Für $v = 40\,km/h$ sind die gedachten Linien in Abbildung **B2** eingezeichnet. Es gibt insgesamt vier Zeiten, bei denen $v = 40\,km/h$ betrug: $t = 0{,}8\,min; 19\,min; 22\,min$ und $34{,}6\,min$.

■ **A1** ● Einige Stellen in Diagramm **B2** sind bereits beschriftet, andere noch nicht. Beschreibe die Autofahrt in einem zusammenhängenden Text. Rechne vorher, falls nötig und achte darauf, alles was das Diagramm verrät, auch im Text zu erwähnen.

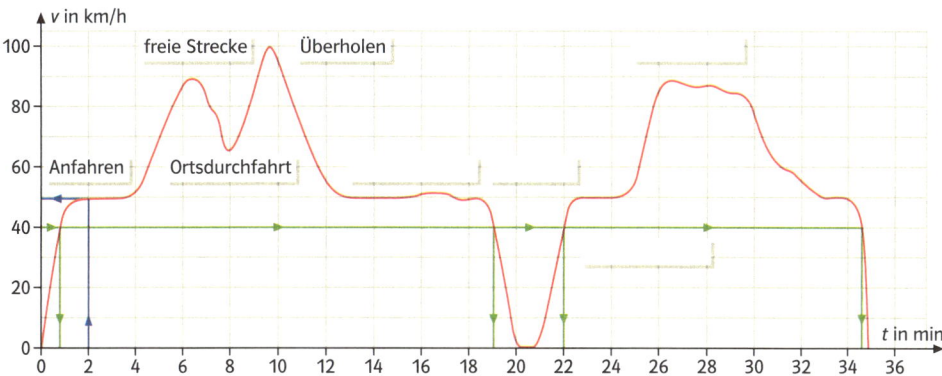

B2 Das Diagramm einer Bewegung

Bewegungen im Diagramm

Gruppenarbeit für vier Schüler

Matthias, Anna, Daniela und Verena untersuchen ihre Fahrten mit dem Fahrrad auf dem Sportplatz. Dazu haben sie Strecken abgemessen und die Zeit gestoppt, die sie jeweils gebraucht haben, um diese Strecken zu durchfahren. Den Zusammenhang zwischen Weg und Zeit stellt jeder Schüler in einem Diagramm dar.

Als sie gerade am Zeichnen sind, bläst ein Windstoß alle ihre Blätter vom Tisch. Es finden sich nur noch eine Messwerttabelle und vier unvollendete Diagramme. Keiner weiß, welches Diagramm zur Tabelle gehört.

Messwerte:

s in m	0	10	20	30	40	50
t in s	0	2,8	5,5	8,2	11,5	14,5

Diagramme:

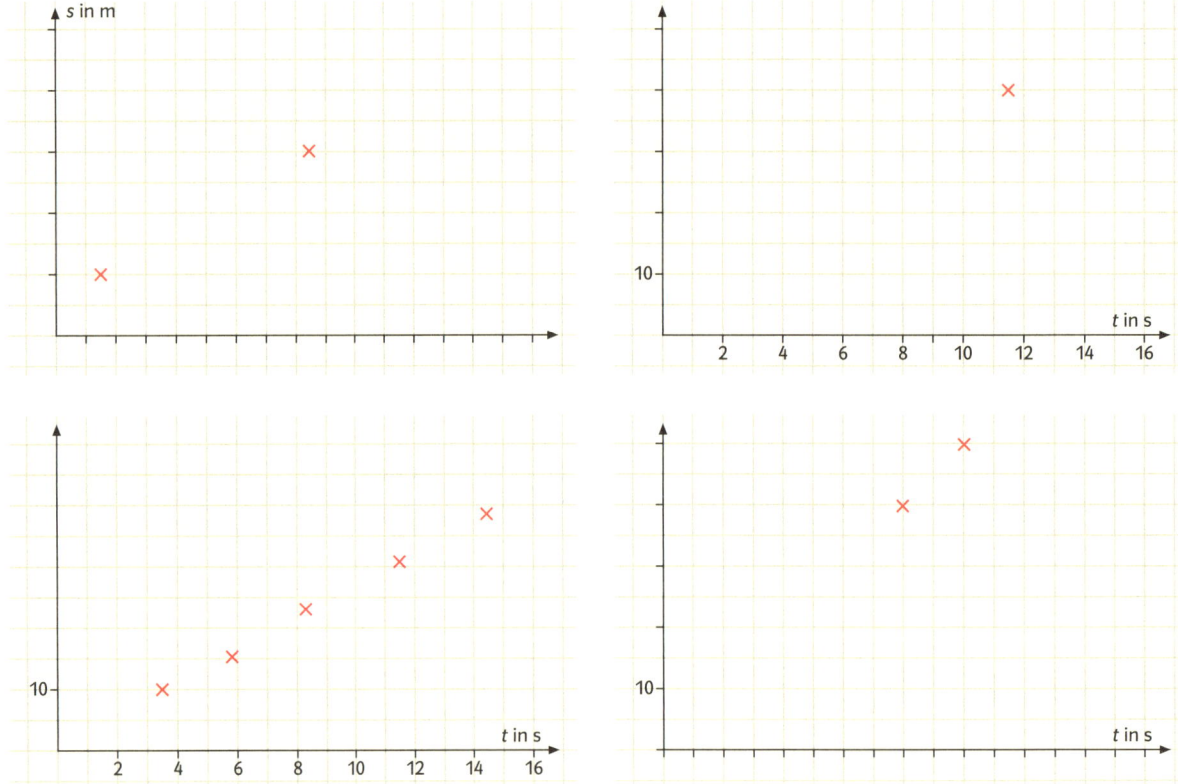

1 Versucht, die Diagramme fertig zu zeichnen. Es soll jeweils ein Schüler ein Diagramm bearbeiten.

2 Diskutiert in der Gruppe, ob alles richtig gezeichnet wurde und welches das richtige Diagramm ist.

_____

_____

_____

Interpretation von Bewegungsdiagrammen

1 Bei einem Versuch mit einer Modelleisenbahn wurden für zwei verschiedene Geschwindigkeiten die folgenden beiden Messreihen aufgenommen:

Messung 1		Messung 2	
Zeit t in s	**Weg s in m**	**Zeit t in s**	**Weg s in m**
0	0	0	0
1,10	0,50	1,63	0,50
2,21	1,00	3,26	1,00
4,39	2,00	6,50	2,00
6,61	3,00	9,79	3,00

a) Zeichne beide Diagramme in ein Koordinatensystem.

b) Interpretiere die Diagramme.

_____

_____

2 a) Im Diagramm sind die Fahrten zweier Autos dargestellt. Sind sie zur gleichen Zeit gestartet? Welches Auto fährt schneller? Begründe deine Antwort.

_____

_____

_____

_____

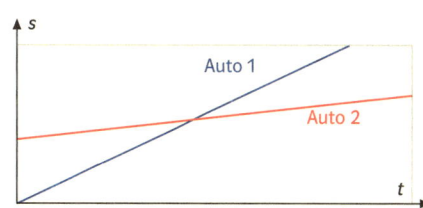

b) Welche (physikalische) Bedeutung hat der Schnittpunkt der Geraden im Diagramm?

_____

_____

3 Das Diagramm stellt die Fahrt eines Autos dar. Beschreibe seine Bewegung.

_____

_____

_____

_____

_____

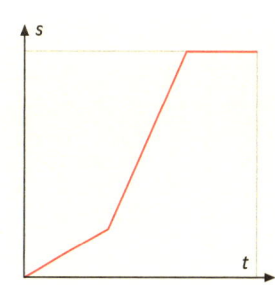

Bewegungen in zwei Dimensionen

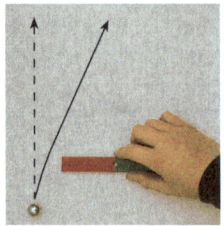

B1

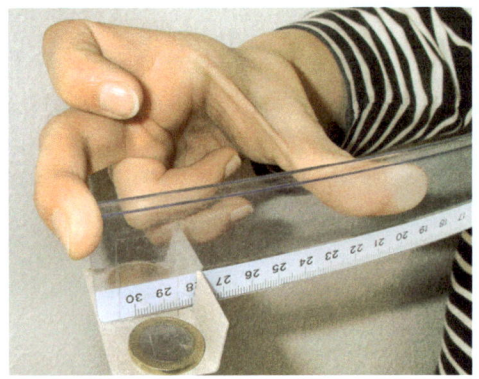

B2

■ **V1** Am freien Ende eines eingespannten Lineals wird ein Stück Pappe so geklebt, dass man auf jede Seite eine Münze legen kann (→ **B2**). Biegt man das Lineal und lässt es zurückschnellen, so fällt eine Münze senkrecht nach unten, die andere fällt in einer Parabel zu Boden. Trotzdem kommen beide zum selben Zeitpunkt unten an.

■ **V2** Eine Eisenkugel bewegt sich auf einen Magnet zu. Ihre Geschwindigkeit wächst. Rollt sie nahe an einem Pol vorbei, so ändern sich der Betrag ihrer Geschwindigkeit und ihre Bewegungsrichtung (→ **B1**).

B3

Bewegung und Richtung Seitenwind ist für Fahrzeuge gefährlich, weil dieser zu plötzlichen und unerwarteten Änderungen der Fahrtrichtung führen kann (→ **B3**). Windrichtung und Windstärke beeinflussen Richtung und Geschwindigkeit der Bewegung des Fahrzeuges.

Entlang einer Geraden gibt es für einen Körper nur zwei mögliche Bewegungsrichtungen: in Richtung der Ortsachse oder dagegen. Wenn man hier die Geschwindigkeit eines Körpers angibt, so reicht die Angabe einer sogenannten **skalaren** Größe aus. Ihr Betrag gibt an, wie schnell sich der Körper bewegt, ihr Vorzeichen gibt die Bewegungsrichtung an (→ **B5**).

B5

Wo befindet sich ein Hase nach 10 s, wenn er sich mit der Geschwindigkeit 5 m/s auf einer Wiese „tummelt"? Vom Startpunkt aus gesehen innerhalb eines Kreises mit dem Radius 50 m. Eine genaue Ortsangabe ist ohne Beachtung der Bewegungsrichtungen des Hasen nicht möglich. In der Ebene gibt es nicht nur zwei, sondern beliebig viele verschiedene Bewegungsrichtungen.

● **Größen, die durch die Angabe eines Betrages nicht vollständig charakterisiert sind, sondern auch von der Richtung abhängen, werden durch Vektoren beschrieben.**

Ihr Formelzeichen wird mit einem Pfeil gekennzeichnet, z. B. $\vec{v}$ für den **Vektor** der Geschwindigkeit. Für den Betrag der Geschwindigkeit (die „Schnelligkeit") schreibt man $|\vec{v}|$ oder kürzer v (ohne Pfeil). In Zeichnungen werden Vektoren durch Pfeile dargestellt. Die Länge des Pfeiles gibt den Betrag der Größe in einem bestimmten Maßstab wieder.

● **Ein Vektor wird eindeutig durch Betrag und Richtung beschrieben.**

Fährt ein Auto mit 40 km/h durch eine Kurve, so ändert sich der Betrag der Geschwindigkeit (also die „Schnelligkeit") zwar nicht, jedoch verändert das Auto dabei ständig seine Richtung. Somit ändert sich auch ständig seine Geschwindigkeit!

● **Geschwindigkeiten lassen sich durch Vektoren darstellen. Zwei Körper haben nur dann die gleiche Geschwindigkeit, wenn sie den gleichen Betrag und die gleiche Richtung haben.**

Ebenso wie die Geschwindigkeit sind in zwei Dimensionen auch die Größen Weg (nicht Weglänge!) und Beschleunigung Vektoren.

Es gilt dann

$$\Delta \vec{s} = \vec{v} \cdot \Delta t$$

und

$$\vec{a} = \frac{\Delta \vec{v}}{\Delta t}$$

Gleiche Richtung, unterschiedlicher Betrag:

Gleicher Betrag, unterschiedliche Richtung:

Gleiche Richtung und gleicher Betrag:

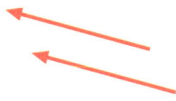

B4

Die Masse

V1 Wirf einen Volleyball und einen Medizinball. Ein Mitschüler soll sie fangen. Der Medizinball kann nicht so gut geworfen und gefangen werden.

B1

V2 Lass einen Elektrowagen gegen einen Bogen gespanntes Pergamentpapier fahren (→**B2**). Er bleibt im Papier hängen.
Miss mit einer Waage 500 g Sand ab und belade den Wagen mit dem Sand. Wenn du den Wagen mit der gleichen Geschwindigkeit wie vorher auf das Papier zufahren lässt, so zerreißt diesmal das Papier.

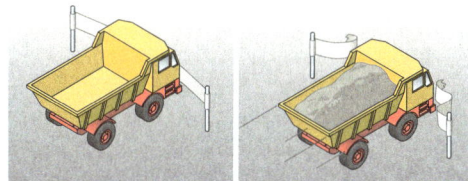

B2

V3 Ein Wagen, der mit einem Holzklotz beladen ist, wird plötzlich beschleunigt oder abgebremst (→**B3**). Der Holzklotz kippt in unterschiedliche Richtungen um.

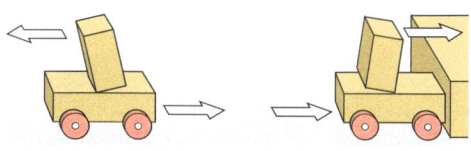

B3

V4 Ein Experimentiertisch mit Rollen, auf dem ein Wagen steht, wird kräftig nach rechts oder links bewegt (→**B4**). Der kleine Wagen behält seine Position im Klassenraum bei, der Experimentiertisch bewegt sich unter ihm fort.

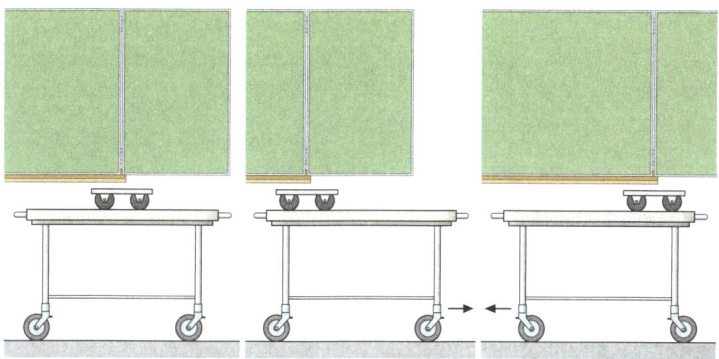

B4

Trägheit Im Alltag wird jemand als „träge" bezeichnet, wenn er seine Gewohnheiten nicht gerne ändert. Fußball und Medizinball sind träge, denn von sich aus bleiben sie liegen.

Ein Medizinball ist sogar wesentlich schwieriger in Bewegung zu versetzen als ein Fußball, er besitzt eine größere Trägheit. Auch beim Abbremsen ist die Trägheit der Körper bemerkbar. Stehende Fahrgäste im Bus oder in der U-Bahn müssen sich festhalten, wenn der Bus bzw. die U-Bahn bremst (→**B5**). In Kurven muss man sich ebenfalls festhalten, denn auch die Bewegungsrichtung ändert ein träger Körper nicht ohne weiteres.

Die physikalische Eigenschaft **Trägheit** meint etwas anderes als der Alltagsbegriff:

● **Trägheit ist die Eigenschaft von Körpern, ihren Bewegungszustand nicht zu ändern.**

A1 ○ Finde weitere Situationen, in denen du die Trägheit bemerken kannst.

B5 Fahrgäste müssen sich festhalten.

B1 Je voller der Einkaufswagen beladen ist, desto schwerer ist er zu steuern.

mit Chipstüten gefüllt ist, besitzt eine geringere Masse als ein Wagen voller Kartoffelsäcke.

Demnach ist die Masse auch die Eigenschaft, die Auskunft darüber gibt, ob die Trägheit eines Körpers groß oder klein ist. Zwei Körper gleicher Masse besitzen die gleiche Trägheit.

● **Alle Körper besitzen eine Masse. Sie ist an jedem Ort gleich. Sie bestimmt, wie groß die Trägheit eines Körpers ist.**

Das physikalische Formelzeichen für die Masse ist m. Die Einheit für die Masse ist das **Kilogramm (1 kg)**. Die Masse 1 kg entspricht genau der Masse des Normkilogramms, das bei Paris aufbewahrt wird. Das Normkilogramm ist ein kleiner Zylinder aus Platin und Iridium, der zum Schutz vor Verunreinigungen unter mehreren Glasglocken liegt.

Beim Messen wird die Masse des Körpers mit Normmassen, den Wägestücken, verglichen.

Der Massenvergleich wird auf Waagen durchgeführt (→ **B3**). Zuerst wird der zu wiegende Gegenstand auf die Waage gelegt. Dann wird versucht, durch Auflegen von Wägestücken (→ **B2**) auf der anderen Seite, die Waage ins Gleichgewicht zu bringen.

Werden bei einem Körper mehr Wägestücke benötigt, um ein Gleichgewicht zu erreichen, als bei einem anderen, dann haben die Körper nicht nur unterschiedliche Massen, sondern sie sind auch verschieden schwer.
Die Schwere eines Körpers ist nur zu bemerken, wenn ein zweiter Körper, wie zum Beispiel die Erde, hinzu kommt. Im Vergleich zur Erde ist die Anziehung auf dem Mond schwächer. Alle Körper sind dort weniger schwer. Ihre Masse verändert sich jedoch nicht.

Masse und Trägheit   Ein Einkaufswagen, der noch leer ist, lässt sich leicht steuern. Ist er jedoch mit dem Wochenendeinkauf gefüllt, ist seine Trägheit größer. Es ist schwieriger, ihn zu lenken, anzuschieben und zu verlangsamen (→ **B1**).

Lässt man einen kleinen Wagen gegen eine Wand aus Pergamentpapier fahren, so wird er von dem Papier abgebremst. Sein Bewegungszustand hat sich verändert.
Belädt man ihn mit Sand, so kann er das Papier bei gleicher Geschwindigkeit wie im unbeladenen Zustand zerreißen und seine Bewegung – mit etwas verminderter Geschwindigkeit – beibehalten.

Der Einkaufswagen und der Elektrowagen besitzen also eine größere Trägheit, wenn sie beladen sind. Die physikalische Größe **Masse** beschreibt den Unterschied. Ein Wagen, der

Häufig verwendete Teile und Vielfache der Einheit Kilogramm sind:

Gramm
1 g = 0,001 kg

Milligramm
1 mg = 0,001 g

Tonne
1 t = 1000 kg

■ **A1** ◔ Ein beladener Lkw hat eine fünf- bis zehnmal so große Masse wie ein Pkw. Mache Aussagen über die Trägheit der beiden Fahrzeuge. Wie macht sich der Unterschied bemerkbar, wenn das Fahrzeug zum Beispiel gegen eine Mauer oder einen Baum fährt?

■ **A2** ○ Fertige eine Liste unterschiedlicher Gegenstände an und finde ihre Masse heraus. Wenn du keine passende Waage zur Hand hast, vergleiche mit bekannten Massen und schätze den Wert. Rechne am Ende alle Massen, die in anderen Einheiten angegeben sind, in Kilogramm um.

B2 Wägesatz

B3 Messen von Massen mit einer Waage

Der Impuls

■ **V1** Eine Münze gleitet auf einer glatten Unterlage gegen eine ruhende Münze. Bei zwei gleichen Münzen beobachtet man entweder, dass sich nur eine Münze weiterbewegt, oder dass sich beide in unterschiedlichen Richtungen bewegen.

Bei unterschiedlichen Münzen bewegen sich stets beide Münzen nach dem Stoß.

■ **V2** Fünf gleiche Kugelpendel sollen sich in der Ruhelage berühren (→ **B1**). Wird eine der äußeren Kugeln ausgelenkt und dann losgelassen, so schlägt auf der anderen Seite nur die letzte Kugel aus. Sie erreicht die Ausgangshöhe der ersten Kugel. Werden von der einen Seite gleich zwei äußere Kugeln ausgelenkt, so werden auf der anderen Seite auch die beiden letzten Kugeln in Bewegung gesetzt.

B1

Der Impuls Was in der Alltagssprache in etwa mit „Schwung" oder „Wucht" eines bewegten Körpers gemeint ist, wird in der Physik durch die Größe **Impuls** p beschrieben. Je größer die Masse eines bewegten Körpers ist, desto größer ist auch sein Impuls. Sein Impuls ist außerdem umso größer, je größer seine Geschwindigkeit ist. Man legt fest:

● **Der Impuls eines Körpers ist das Produkt aus seiner Masse und seiner Geschwindigkeit:**
$$p = m \cdot v$$

Die Einheit für den Impuls ist $1\,\text{kg} \cdot \frac{\text{m}}{\text{s}}$. Manchmal wird dafür auch die Einheit 1 Huygens (1 Hy) verwendet. $1\,\text{kg} \cdot \frac{\text{m}}{\text{s}} = 1\,\text{Hy}$.

Stoßbewegungen Wir betrachten zunächst wieder nur eindimensionale Bewegungen, d.h. Bewegungen entlang einer Geraden. Stoßen zwei frei bewegliche Körper so aneinander, dass sie sich nach dem Stoß getrennt weiterbewegen, so haben beide nach dem Stoß eine andere Geschwindigkeit und damit auch einen anderen Impuls. Die Wechselwirkung kann dabei entweder durch direktes Berühren der Körper oder über Federn, Magnete usw. erfolgen. Im Versuch (→ **B2**) sind zwei Gleiter in Ruhe auf einer Luftkissenfahrbahn durch eine gespannte Feder und einen Faden verbunden. Für ihre Impulse gilt $p_1 = p_2 = 0$. Wird die Feder durch Lösen des Fadens entspannt, so bewegen sich die beiden Gleiter mit unterschiedlichen Geschwindigkeiten voneinander weg. Der mit der geringeren Masse ist schneller, der mit der größeren langsamer. Misst man die Geschwindigkeit der Gleiter, so stellt man fest, dass für die Impulse nach dem Stoß gilt: $-p'_1 = p'_2$

Die Impulse der Gleiter nach dem Stoß sind also vom Betrag her gleich, es gilt also:

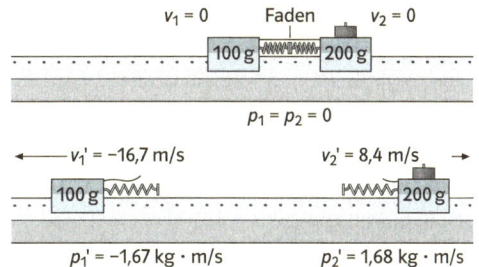

B2

$$-p'_1 = p'_2 \quad \text{oder} \quad p'_1 + p'_2 = 0$$

Lässt man in einer Abwandlung des Versuches zunächst beide Gleiter aufeinanderzugleiten (→ **B3**) und bestimmt die Geschwindigkeiten der Gleiter jeweils vor und nach dem Stoß, so gilt – unabhängig von den Massen und Geschwindigkeiten der Gleiter – für die Impulse der beiden Gleiter:

$$p_1 + p_2 = p'_1 + p'_2 = p_{\text{ges}} = \text{konstant}$$

Die Summe der Impulse beider Gleiter $p_{\text{ges}} = p_1 + p_2 = p'_1 + p'_2$, die als Gesamtimpuls bezeichnet wird, ist zu jedem Zeitpunkt vor und nach dem Stoß gleich groß. Dies wird auch als **Impulserhaltungssatz** bezeichnet:

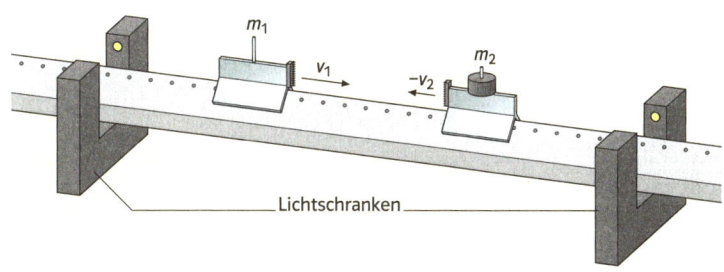

B3

Negative Impulse
Bei Körpern, die sich entgegen der positiven x-Achsen-Richtung bewegen, kennzeichnet man die Richtung durch ein negatives Vorzeichen der Geschwindigkeit und auch des Impulses. Dies bedeutet nichts anderes, als dass sich ein Körper in „negativer Richtung" bewegt.

Bezeichnung:
Bei Stoßvorgängen werden die Größen vor dem Stoß üblicherweise ohne Strich und nach dem Stoß mit Strich dargestellt:
vor dem Stoß: v_1
nach dem Stoß: v'_1

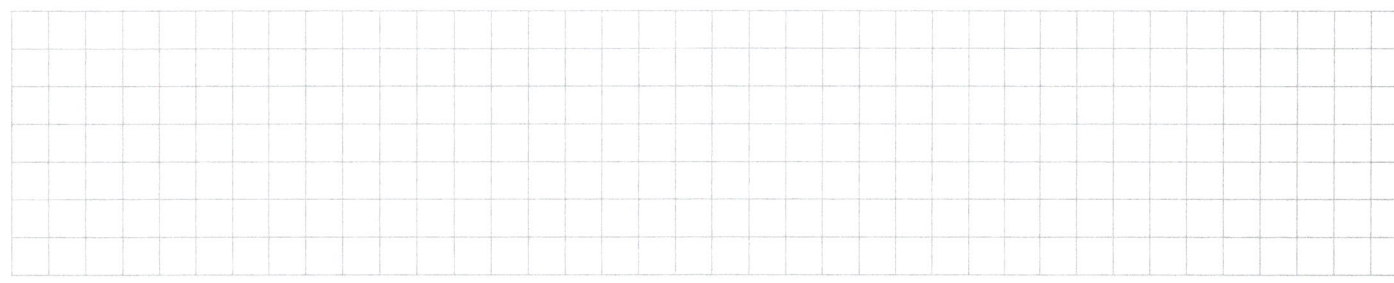

Impuls und Kraft

■ **V1** Blase einen Luftballon auf und lasse ihn los. Nutze deine Beobachtungen zur Konstruktion eines Antriebs für ein leichtes Fahrzeug.

■ **V2** Lass einen Mitschüler mit ausgestreckten steifen Armen einen Medizinball fangen. Wiederhole den Versuch, wobei nun der Ball während des Fangens an den Körper gezogen werden soll. Beobachte dabei deinen Mitschüler genau und lasse ihn seine Empfindungen schildern.

Impulsänderungen zeigen Kräfte an Aus den bisherigen Ausführungen ist klar geworden, dass die physikalische Größe des Impulses erst dann wirklich „spürbar" wird, wenn sie sich ändert:
Einem Körper wird ein Impuls zugeordnet. Ändert sich der Impuls eines Körpers, beispielsweise eines Autos (→**B1** bis **3**), so „bewirkt er etwas". In den Abbildungen sind unterschiedliche Wirkungen sichtbar, obwohl die Autos alle dieselbe Masse hatten und mit derselben ursprünglichen Geschwindigkeit fuhren, also denselben Impulsbetrag hatten: Ein Auto ändert seinen Impuls in **B1** beim Aufprall

innerhalb von Sekundenbruchteilen, in **B2** beim Bremsen innerhalb einer Zeitspanne von Sekunden und in **B3** beim Ausrollen über eine vergleichsweise lange Zeitspanne.

Am Ende des Vorgangs steht jedes Auto, ihre Impulse sind also Null. Demzufolge hat die gleiche Impulsänderung stattgefunden, aber eben in unterschiedlichen Zeitspannen.

Deswegen nehmen wir bei der Impulsänderung auch unterschiedliche Wirkungen wahr, deren Ursprung wir als **Kraft** (mit dem Formelzeichen F für engl. *force*) bezeichnen.
Die Beobachtungen legen folgenden Zusammenhang nahe:

● **Je kleiner die Zeitspanne für eine bestimmte Impulsänderung ist, desto größer ist die wirkende Kraft.**

Bremsen wir im gleichen Zeitraum aus höherer Geschwindigkeit ab, ist also die Impulsänderung größer, so verspüren wir natürlich ebenfalls eine größere Kraft:

● **Je größer die Impulsänderung bei gleicher Zeitspanne ist, desto größer ist die Kraft.**

Newton fasste diese Beobachtungen zur Definition der Kraft zusammen:

● **Die Kraft ist das Verhältnis aus einer Impulsänderung und der Zeitspanne, in der diese Änderung erfolgt: $F = \Delta p / \Delta t$**

Physiker nennen diese Gleichung die **Grundgleichung der Mechanik**.

Die Einheit der Kraft ist 1 Newton (1N) und ergibt sich zu $1\,\text{N} = 1\,\text{Hy/s} = 1\,\text{kg} \cdot \text{m/s}^2$.

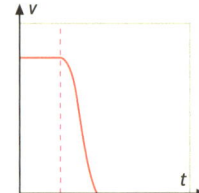

B1 Aufprall: Das Auto wird stark verformt und dabei zerstört.

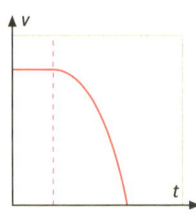

B2 Bremsen: Die Bremsen werden heiß.

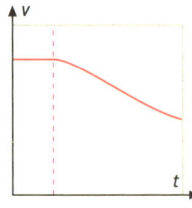

B3 Ausrollen: Luft wird verwirbelt

Die Kraft

B1

B3 Verformte Knetkugeln

Lernstationen:
Die Versuche **V1** bis **V6** lassen sich auch als Lernzirkel durchführen. Fertigt dazu entsprechende Stationenkarten an.

Ein Kran hebt eine Last vom Boden hoch, ein Autofahrer schiebt ein Auto an, der Karatekämpfer zerschlägt einen Stapel Bretter (→ **B1**), jemand lässt das Sonnenrollo an seinem Fenster herunter, ein Möbelpacker stemmt sich gegen einen Schrank, der Besucher drückt auf den Klingelknopf, die Schrottpresse presst eine Autokarosserie zusammen, …

Führe die folgenden Versuche durch und notiere alle Beobachtungen.
Gib Ursachen für die Beobachtungen an und vergleiche die Versuche miteinander.

■ **V1** Eine Blattfeder liegt auf zwei Holzklötzen. Belaste sie mit einem Stein, biege sie mit der Hand durch oder verforme sie mit einem Magnet (→ **B6**).

■ **V2** Versetze einen ruhenden Wagen mit der Hand in Bewegung und bremse ihn wieder ab. Rolle ihn dann gegen eine Feder (→ **B2**). Beschreibe die Beobachtungen genau.

■ **V3** Wirf mehrere gleiche Bälle aus Knetgummi nacheinander auf den glatten Boden. Betrachte die Bälle hinterher und vergleiche die unterschiedlichen Würfe (→ **B3**).

■ **V4** Wirf einen Medizinball und einen Basketball. Finde Ursachen für die unterschiedlichen Geschwindigkeiten und Weiten der Würfe.

■ **V5** Lass ein Spielzeugauto über den Tisch rollen und blase mit einem Föhn aus verschiedenen Richtungen dagegen (→ **B4**).

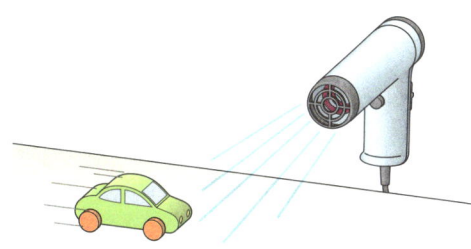

B4 Zu Versuch 5

■ **V6** Schiebe einen aufrecht stehenden Holzquader vorsichtig mit dem Finger an. Schiebe einmal unten in der Mitte, einmal oben in der Mitte und einmal unten an einer Seite jeweils etwa gleich stark (→ **B5**).
Beschreibe die Unterschiede der drei Versuchsteile.

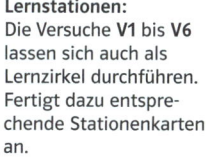

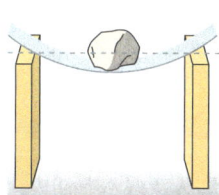

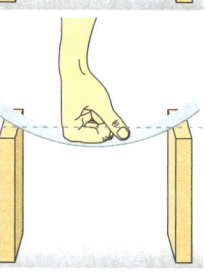

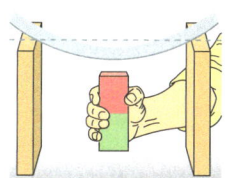

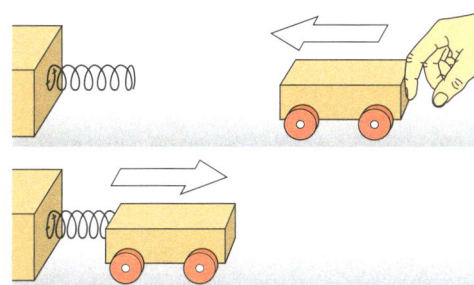

B2 Zu Versuch 2

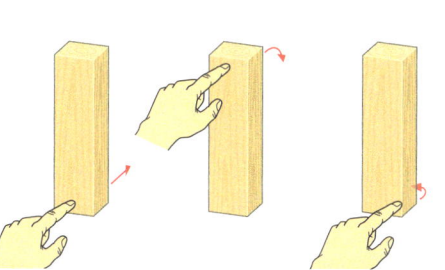

B5 Zu Versuch 6

B6 Zu Versuch 1

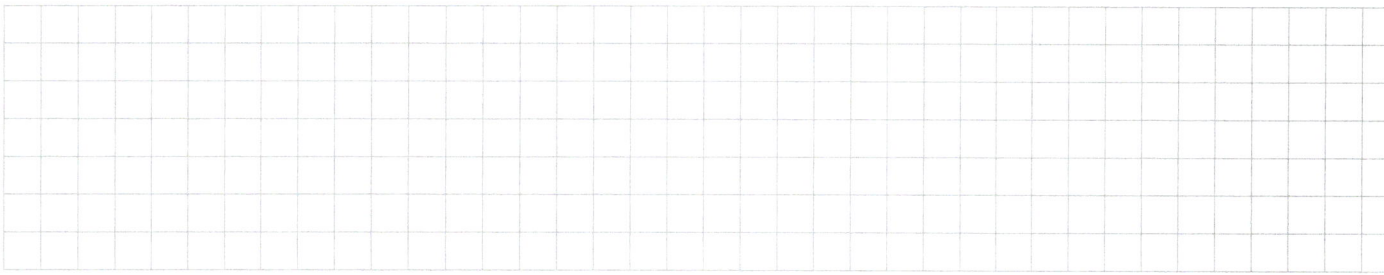

Kraftwirkungen Trifft ein Ball auf dem Boden auf, so wird er dabei abgebremst, verformt, umgelenkt und beschleunigt. Immer dann, wenn ein Körper verformt wird, sich seine Geschwindigkeit verändert oder er sich in eine andere Richtung weiter bewegt, führt man das auf das Wirken einer **Kraft** zurück. Man kann dabei die Kraft selbst nicht sehen, sondern erkennt sie nur an den hier beschriebenen Wirkungen. Für die physikalische Größe Kraft gilt:

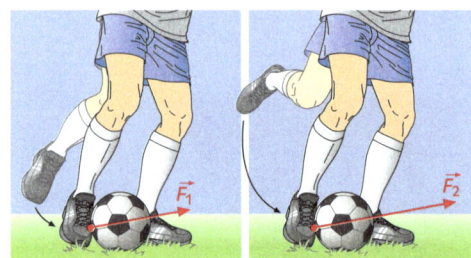

B2 Verschiedene Beträge

● **Kräfte lassen sich nur durch ihre Wirkungen erkennen: Sie können einen Körper verformen, seine Geschwindigkeit vergrößern oder verkleinern, seine Bewegungsrichtung ändern.**

Kräfte können in verschiedenen Situationen auftreten: Wir sprechen von Muskelkraft, der Kraft des Windes, von der Kraft, mit der ein Körper von der Erde oder von einem Magnet angezogen wird, usw.

B3 Verschiedene Richtungen

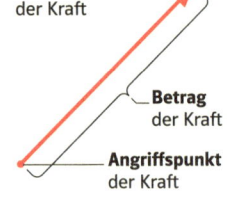

Richtung
der Kraft

Betrag
der Kraft

Angriffspunkt
der Kraft

B1 Kräfte werden durch einen Kraftpfeil dargestellt.

Wovon hängt die Kraftwirkung ab? Die Informationen, die für die Wirkung einer Kraft wichtig sind, werden in Zeichnungen als Kraftpfeil dargestellt (→ **B1**). Es sind:

1 Der **Betrag**: Ist der Betrag einer Kraft größer als der einer anderen, so ist ihre Wirkung auf denselben Körper größer. In Bild **B2** wird z. B. der Ball weiter geschossen.

2 Die **Richtung**: Eine unterschiedliche Richtung der Kraft führt, wie in Bild **B3**, zu unterschiedlichen Wirkungen.

3 Der **Angriffspunkt**: Zwei Kräfte mit gleichem Betrag und gleicher Richtung erzeugen verschiedene Wirkungen, wenn sich ihr Angriffspunkt am Körper unterscheidet. In Bild **B4** wirkt z. B. die gleiche Kraft bei jedem Angriffspunkt verschieden.

B4 Verschiedene Angriffspunkte

B5

● **Die Wirkung einer Kraft auf einen Körper hängt von ihrem Betrag, ihrer Richtung und dem Angriffspunkt ab.**

Deutung von Kraftpfeilen Bild **B5** zeigt an einem Beispiel, wie ein Kraftpfeil eingezeichnet wird. Der Pfeil beginnt am Angriffspunkt der Kraft, nämlich an der Hand der Werferin. Der Pfeil zeigt in die Richtung, in die die Muskelkraft wirkt. Die Größe der Kraft lässt sich im Foto allerdings nicht ablesen, denn es wurde kein Maßstab festgelegt.

Für den Betrag der Kraft benutzt man den Formelbuchstaben F (engl.: *force*). Mit $\vec{F}$ kennzeichnet man den Kraftpfeil.

■ **A1** ○ Finde weitere Situationen aus dem Bereich Sport, bei denen Kräfte auftreten. Gib für jede Kraft den Angriffspunkt und die Richtung an.

■ **A2** ◔ Die Physiker kennzeichnen auch die Geschwindigkeit v mit einem Pfeil. Begründe mit Hilfe von Versuch **V5** auf der vorangegangenen Seite, wieso dies sinnvoll ist.

Kraftmessung

V1 Nehmt einen Expander und stellt fest, wer in der Klasse die größte Kraft ausüben kann (→**B1**). Wie könnt ihr die Ergebnisse verschiedener Personen so aufschreiben, dass nachher jeder weiß, wie stark er im Vergleich zu den anderen war?

V2 Baue einen Kraftmesser aus einer Fahrradspeiche, einer aufgebogenen Büroklammer und einem Stück Pappe zum Markieren der Auslenkungen (→**B2**).

Hänge an die Büroklammer eine Tafel Schokolade und markiere die Auslenkung der Fahrradspeiche. Ersetze die Schokolade durch andere Gegenstände, notiere wieder die Auslenkung der Speiche und mache eine Aussage über die wirkenden Kräfte.

B1

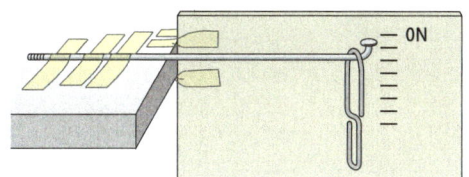

B2

Je größer die Auslenkung der Speiche, desto größer die wirkende Kraft.

Kraftmesser Die Richtung und der Angriffspunkt einer Kraft sind oft sofort erkennbar. Den Betrag der Kraft kann man erst durch Messen mit einem Kraftmesser ermitteln (→**B4**). Jeder Kraftmesser hat eine Skala mit der Angabe, in welcher Einheit gemessen wird. Das Messergebnis liest man an der von der Hülse gerade nicht mehr verdeckten Strichmarke ab (→**B4**). Es gibt Kraftmesser, mit denen man nur sehr kleine Kräfte, und andere, mit denen man nur sehr große Kräfte messen kann.

Die Einheit der Kraft Zum Messen mit Kraftmessern braucht man eine Einheit und eine Vorschrift über das Vergleichen von Kräften:

● Wird der gleiche Kraftmesser durch zwei Kräfte gleich weit gedehnt, so haben die Kräfte den gleichen Betrag.

● Die Krafteinheit wird durch die Anzeige auf einem Normkraftmesser festgelegt. Die Einheit der Kraft ist 1 N (1 Newton).

Zum Messen kleinerer und größerer Kräfte gibt es außerdem noch:
1 Millinewton   = 1 mN   = 0,001 N
1 Zentinewton   = 1 cN   =   0,01 N
1 Kilonewton   = 1 kN   = 1000 N

Faustregel: Hängt eine 100-g-Tafel Schokolade an einem Normalkraftmesser, so zeigt er 1 N an.

Die Bezeichnung der Krafteinheit erfolgte zu Ehren von **Isaac Newton** (1643–1727). In seinem 1687 erschienenen Werk „Philosophiae Naturalis Principia Mathematica" beschreibt er die verschiedenen Wirkungen, die eine Kraft haben kann. Er erkannte insbesondere, dass Veränderungen der Bewegung eines Körpers immer durch Kräfte verursacht werden. Darauf beruht auch die gesetzliche Festlegung der Krafteinheit: Erfährt ein Körper mit einer Masse von 1 kg die Beschleunigung 1 m/s², so wirkt die Kraft 1 N. Das Zeit-Geschwindigkeit-Diagramm sieht dann wie in Abbildung **B3** aus.

Es gilt: Zwei Kräfte haben den gleichen Betrag, wenn sie denselben Körper in gleicher Weise beschleunigen.

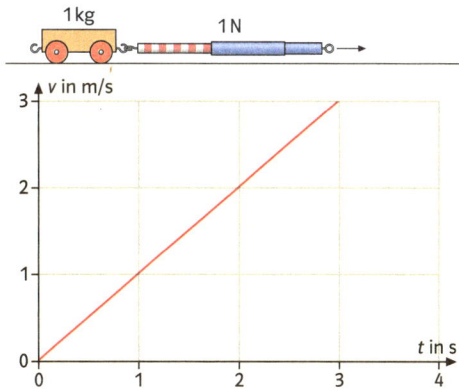

B3 Zur gesetzlichen Definition der Krafteinheit

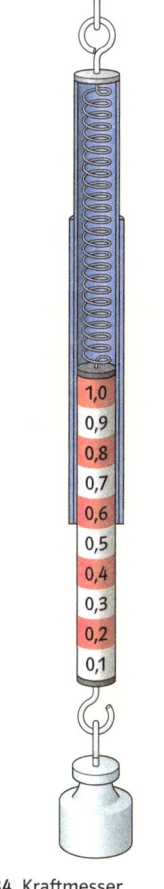

B4 Kraftmesser

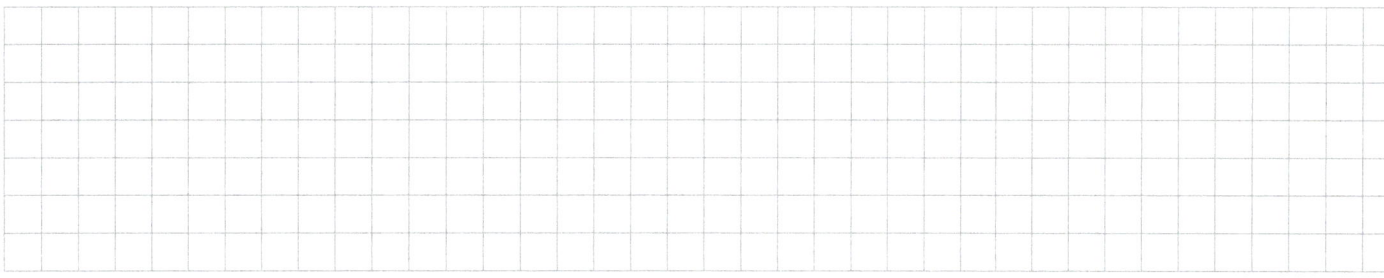

Verformung durch Kräfte

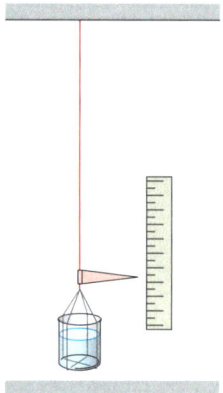

B1 zu Versuch 3

B2

Bei zu großen Kräften jedoch kann sie überdehnt werden. Dann ist sie auch ohne Kraft länger als vorher. Das Gummiband wird noch leichter überdehnt.

■ **V1** Ziehe mit einem Kraftmesser mit fünf unterschiedlich großen Kräften zunächst an einem Gummiband, dann an einer Schraubenfeder. Die Ausdehnung von Gummiband und Schraubenfeder steigt mit der wirkenden Kraft. Lässt die Kraft nach, so geht die Feder wieder auf ihre ursprüngliche Länge zurück.

■ **V2** Eine Schraubenfeder wird nacheinander durch Kräfte vom Betrag 1 N, 2 N, 3 N, ... gedehnt. Miss die Verlängerungen (→**B3**) und vergleiche sie miteinander. Bei gleicher Kraftzunahme erhält man auch eine gleiche Längenzunahme.

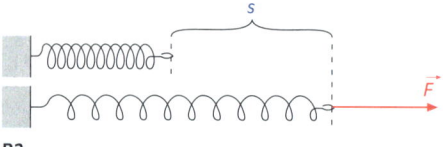

B3

■ **V3** Hänge an einen 1 m langen, dünnen Kupferdraht ein Gefäß, das mit Wasser gefüllt wird (→**B1**). Bestimme die Verlängerung des Drahtes bei unterschiedlichen Wassermengen.

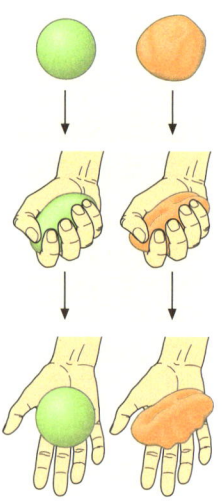

B4 Elastische Verformung beim Gummiball (links), plastische Verformung beim Knetklumpen (rechts)

Die Proportionalitätskonstante im Hooke'schen Gesetz nennt man Federkonstante *D*.

Wie stark verformen Kräfte? Die Äste eines Baumes werden vom Wind gebogen. Das Gummiseil des Bungee-Springers verlängert sich beim Sprung (→**B2**). Beide nehmen nach der Verformung ihre ursprüngliche Gestalt wieder an. Man sagt, sie wurden von der Kraft **elastisch** verformt. Wenn eine Verformung zurückbleibt, so spricht man von einer unelastischen oder **plastischen** Verformung. Wir kennen dies von Knetmasse (→**B4**).

Viele Körper zeigen elastisches Verhalten. Um dies genauer zu untersuchen, betrachtet man die Verformung von Schraubenfedern. Dazu misst man die Verlängerungen *s* von zwei verschiedenen Schraubenfedern I und II in Abhängigkeit von der wirkenden Kraft *F*. Es werden zwei Messreihen aufgenommen, eine mit ständig zunehmender und eine mit ständig abnehmender Kraft. Die Messwerte sind in der Tabelle auf der nächsten Seite eingetragen. Man erkennt, dass die Verformung am Ende wieder vollständig zurückgeht. Die Schraubenfedern verhalten sich in diesem Experiment elastisch. In Grafik **B5** sind die Messwerte für die Federn in ein Koordinatensystem eingetragen. Durch die Messpunkte lässt sich eine Ausgleichsgerade durch den

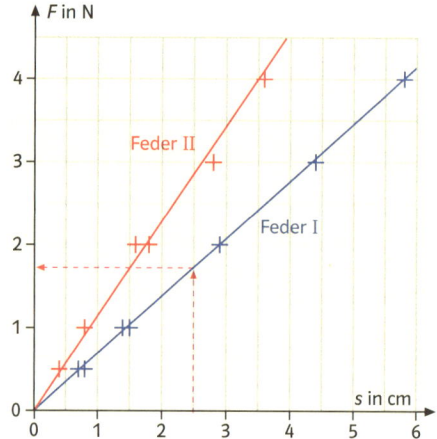

B5 *s*-*F*-Diagramm zweier Federn

Ursprung zeichnen. Auch die Messpunkte für abnehmende Kraft liegen auf dieser Geraden.

● Bei elastischer Verformung sind Kraft *F* und Verlängerung *s* zueinander proportional (Hooke'sches Gesetz).

■ **A1** ◔ Schätze die Kräfte ab, mit denen die Federn in Abbildung **B5** um 3,5 cm bzw. um 8 cm gedehnt werden.

Kraftwirkungen

1 Kräfte lassen sich an ihren Wirkungen erkennen. Die folgenden Bilder zeigen einige Beispiele.

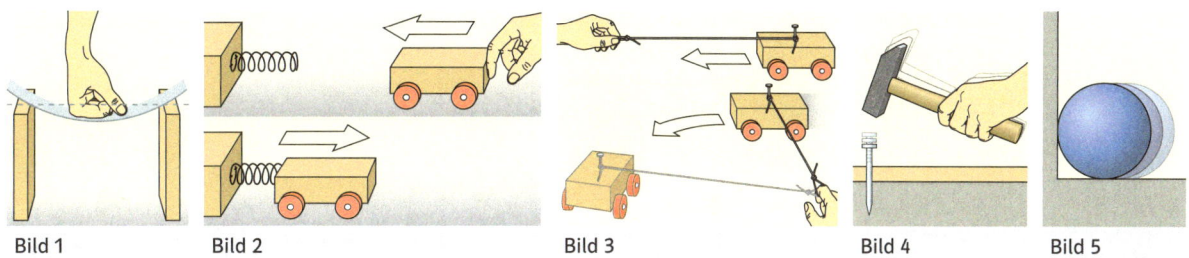

Bild 1   Bild 2   Bild 3   Bild 4   Bild 5

a) Ergänze: Kräfte können einen Körper ...	b) Welches Bild zeigt diese Kraftwirkung?

2 a) Die Wirkungen einer Kraft hängen ab ...

b) Alle drei Informationen kann man dem Kraftpfeil entnehmen.

vom _____

von _____

vom _____

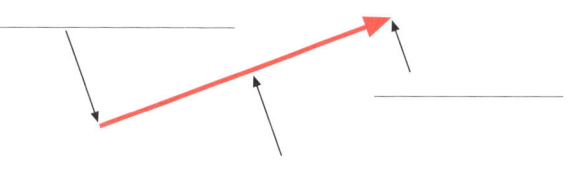

3 Lies die Kraftmesser ab und gib die Kraftbeträge an.

      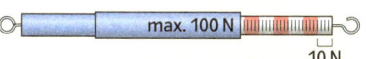

$F_1 =$ _____ $F_2 =$ _____ $F_3 =$ _____

4 a) Worin unterscheiden sich die in Bild dargestellten Kräfte $\vec{F_A}$ und $\vec{F_B}$? Maßstab: 1 cm ≙ 1 N

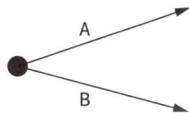   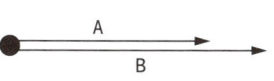

_____   _____

b) Bestimme den Betrag der Kräfte. $F_A =$ _____ $F_A =$ _____

$F_B =$ _____ $F_B =$ _____

Die Gewichtskraft

■ **V1** Ein Gedankenversuch (→ **B1**)
Auf der Erde: Ein Astronaut nimmt einen Gegenstand mit, dessen Masse exakt gleich der des Astronauten in voller Ausrüstung ist. Befinden sich beide auf der Wippe im gleichen Abstand von der Drehachse, so ist diese im Gleichgewicht. Der Kraftmesser zeigt an, mit welcher Kraft der Gegenstand nach unten zieht.

Auf dem Mond: Eine Wippe würde auch auf dem Mond eine Gleichheit der Masse von Gegenstand und Astronaut bestätigen.

Auf dem Mond zeigt der Kraftmesser für den Gegenstand nur noch 1/6 des auf der Erde gemessenen Wertes an.

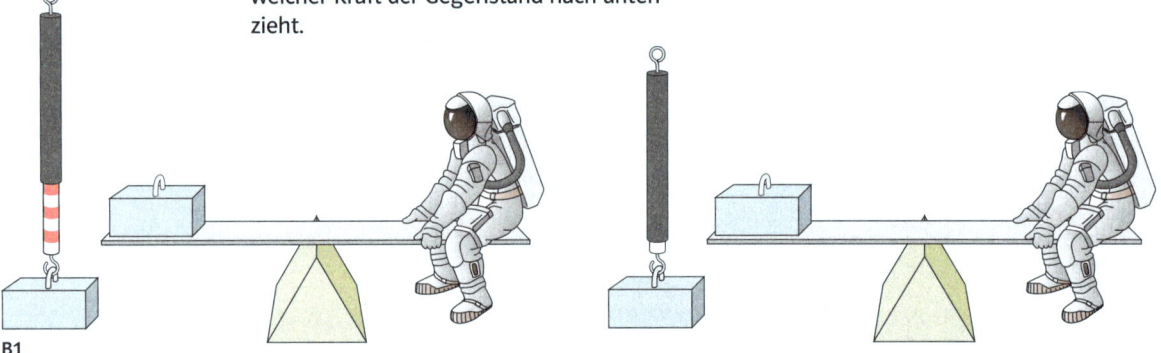

B1

Schwerkraft Die Astronauten Neil Armstrong und Edwin Aldrin der Raumkapsel Apollo 11 betraten am 21. 7. 1969 als erste Menschen den Mond. Sie fühlten sich dort viel leichter als auf der Erde. Trotz Raumanzügen und Rückengepäck reichte ihre Kraft für Sprünge von mehreren Metern.

Auf der Erde führt jeder Körper, der frei fällt, eine beschleunigte Bewegung aus. Also muss eine Kraft wirken. Diese zieht den Körper senkrecht nach unten, in Richtung zum Erdmittelpunkt. Man spricht von der **Gewichtskraft** F_G, die der Körper erfährt. Wir sagen, er ist **schwer**. Eine Gewichtskraft erfahren alle Körper auf der Erde. Selbst die Atome in einem Gas erfahren eine Gewichtskraft.

● **Die Anziehungskraft, die ein Körper auf der Erde erfährt, heißt Gewichtskraft des Körpers.**

Bringt man einen Körper von der Erde auf den Mond, so erfährt er dort ebenfalls eine Gewichtskraft, diesmal in Richtung auf den Mondmittelpunkt. Allerdings ist die Gewichtskraft des Körpers auf dem Mond kleiner als auf der Erde. Zwei Körper gleicher Masse haben auf verschiedenen Himmelskörpern unterschiedliche Gewichtskräfte. Ein Kraftmesser würde z. B. für eine Tafel Schokolade auf der Erde eine Gewichtskraft von etwa 1 N, auf dem Mond nur eine von etwa 1/6 N anzeigen.

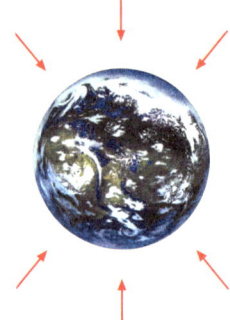

B2 Alle Gewichtskräfte weisen in Richtung auf den Erdmittelpunkt. Wo ist auf der Erde oben, wo ist unten?

Ortsfaktor Wir bestimmen mit dem Kraftmesser die Gewichtskräfte F_G für die Wägstücke eines Wägesatzes, deren Massen bekanntlich genormt sind:

m in kg	0,2	0,4	0,6	0,8	1,0	2,0
F_G in N	2,0	3,9	5,9	7,8	9,8	19,7

Offensichtlich erfährt ein Körper mit der Masse m = 1 kg auf der Erde eine Gewichtskraft von etwa 10 N. Die Zahlenwerte von F_G sind in allen Fällen um den Faktor 10 größer als die von m. F_G und m sind proportional zueinander. Der Proportionalitätsfaktor $g = F_G/m$ heißt **Ortsfaktor**, denn er ist wie die Gewichtskraft von Ort zu Ort verschieden.

● **Für die Gewichtskraft F_G eines Körpers der Masse m gilt: $F_G = m \cdot g$**

Auf der Erde hat g ungefähr den Wert $g = 10 \frac{N}{kg}$.

Ein genauerer Wert ist:	
für Mitteleuropa	g = 9,81 N/kg
am Nordpol	g = 9,83 N/kg
am Äquator	g = 9,78 N/kg

■ **A1** ○ Finde die Ortsfaktoren der Sonne und aller Planeten des Sonnensystems heraus.

Wechselwirkung Gewichtskräfte sind Folge einer **wechselseitigen Anziehung** zwischen Erde und Gegenstand bzw. zwischen Mond und Gegenstand. Die Kräfte wirken in Richtung auf die Mittelpunkte der Körper, welche die Kräfte verursachen.

Der englische Naturforscher Lord **Henry Cavendish** veröffentlichte 1798 Untersuchungen zur gegenseitigen Anziehung von Körpern. Dazu verwendete er eine Drehwaage. Bild **B3** zeigt das Prinzip des Versuchsaufbaus: Ein Balken mit zwei kleinen Bleikugeln an den Enden hängt an einem dünnen Draht. Wird der Balken gedreht, so verdrillt sich der Draht. Diese Verformung erfordert eine Kraft. Die großen, fest stehenden Kugeln befinden sich in geringer Entfernung zu den beiden kleinen Kugeln. Man beobachtet, dass sich nach einiger Zeit der Abstand zwischen den kleinen und den großen Kugeln verringert. Diese Beobachtung bestätigt, dass zwischen den Kugeln gegenseitige Anziehungskräfte bestehen. Die hier auftretenden Anziehungskräfte sind allerdings sehr klein. Sie betragen etwa 0,000 000 1 N. Allgemein gilt:

● **Alle Körper ziehen sich gegenseitig an.**

Die Gewichtskraft eines Körpers nimmt mit der Höhe über dem Meeresspiegel ab. Die gegenseitige Anziehungskraft zwischen der Erde und anderen Körpern wirkt auch bei sehr großen Abständen zwischen beiden. Sie wird jedoch mit der Entfernung rasch schwächer (→ **B1**).

● **Die Gewichtskräfte auf der Erde sind von der Höhe abhängig.**

■ **A1** ◔ Der Ortsfaktor des Mondes beträgt $g_M = 1{,}62$ N/kg. Berechne die Gewichtskraft eines Astronauten, dessen Masse mit Ausrüstung 110 kg beträgt. Welche Masse würde

B2 Astronauten auf dem Mond

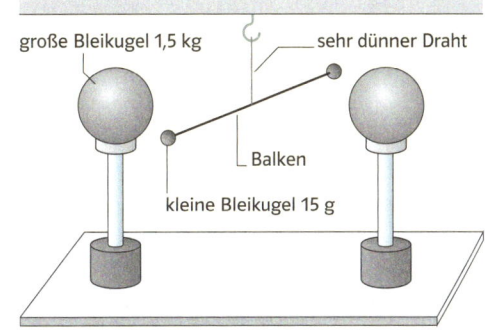

große Bleikugel 1,5 kg — sehr dünner Draht

Balken

kleine Bleikugel 15 g

B3 Prinzip der Drehwaage nach Cavendish

auf der Erde von der gleichen Kraft angezogen? (Das Rechendreieck **B4** kann dir bei den Rechnungen helfen.)

■ **A2** ● Du willst auf einen fernen Himmelskörper reisen, um dessen Ortsfaktor zu bestimmen. Wie bereitest du dich auf der Erde vor, was packst du für die Aufgabe ein? Beschreibe die Durchführung deiner Experimente.

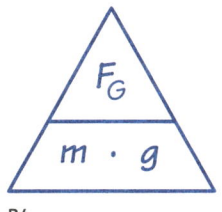

F_G

$m \cdot g$

B4

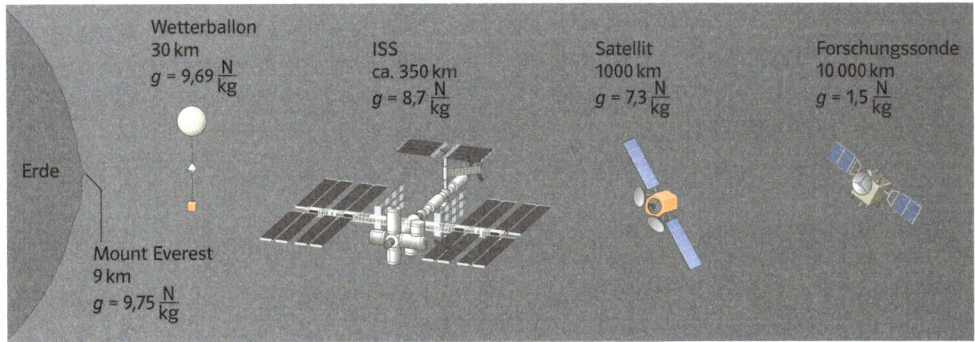

Wetterballon
30 km
$g = 9{,}69 \frac{N}{kg}$

ISS
ca. 350 km
$g = 8{,}7 \frac{N}{kg}$

Satellit
1000 km
$g = 7{,}3 \frac{N}{kg}$

Forschungssonde
10 000 km
$g = 1{,}5 \frac{N}{kg}$

Erde

Mount Everest
9 km
$g = 9{,}75 \frac{N}{kg}$

B1 Ortsfaktor g für verschiedene Höhen über dem Meeresspiegel

Wechselwirkung von Kräften

Wenn du dich mit einem Liegestütz vom Boden wegstemmst, musst du eine Kraft auf ihn ausüben. Dabei ist es nicht deine Absicht, den Boden wegzuschieben, sondern du erwartest, dass dir der Boden einen Widerstand entgegenbringt.

■ **V1** Stelle auf eine ebene, gerade Schiene zwei Modelleisenbahnwagen. Auf einem Wagen liegt ein starker Stabmagnet, auf dem anderen ein Eisenklotz. Wenn du die Wagen loslässt, bewegen sich beide aufeinander zu.

■ **V2** Ersetze nun den Eisenklotz durch einen zweiten Stabmagnet so, dass sich zwei gleiche Pole gegenüberstehen. Die Wagen stoßen sich beide gegenseitig ab.

■ **V3** Zwei Schülerinnen auf Skateboards halten wie in (→**B1**) ein gespanntes Seil zwischen sich. Mit Hilfe von Kraftmessern

an jedem Seilende können die Beträge der Zugkräfte festgestellt werden. Zuerst soll nur die eine von ihnen ziehen, die andere sich bloß festhalten. Beide Schülerinnen setzen sich in Bewegung und die Kraftmesser zeigen bei beiden denselben Betrag an. Ziehen beide Schülerinnen, ändert sich daran nichts. Stets zeigen beide Kraftmesser gleiche Kraftbeträge an.

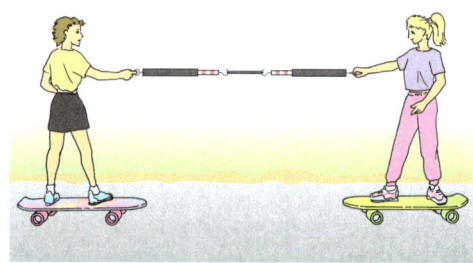

B1

Isaac Newton gilt als der Entdecker des Wechselwirkungsprinzips. In seinem lateinisch geschriebenen Werk lautet das kurz actio = reactio.

Kraft und Gegenkraft Übt ein frei beweglicher Körper eine anziehende Kraft auf einen anderen frei beweglichen Körper aus, so fangen beide an, sich aufeinander zu zu bewegen. Also müssen auf beide Körper Kräfte wirken. Diese Kräfte sind wegen der entgegengesetzten Bewegungsrichtungen entgegengesetzt gerichtet. Kraftmesser zeigen, dass dabei die Beträge der Kräfte immer gleich groß sind. Haben beide Körper die gleiche Masse, so rufen die Kräfte eine gleiche Bewegungsänderung hervor – die Körper treffen sich deshalb in der Mitte. Haben beide Körper verschiedene Massen, so rufen die gleichen

Kräfte unterschiedliche Bewegungsänderungen hervor. Der Körper mit der größeren Masse legt bis zum Treffpunkt mit dem Körper, der die kleinere Masse hat, die kürzere Strecke zurück. Die Erfahrung, dass eine Kraft nur ausgeübt werden kann, wenn eine gleich große Kraft zurückwirkt, nennt man das **Wechselwirkungsprinzip:**

● **Übt ein Körper eine Kraft auf einen zweiten Körper aus, so wirkt stets gleichzeitig eine Kraft vom zweiten auf den ersten Körper. Kräfte treten also immer paarweise auf! Beide Kräfte haben denselben Betrag, sind aber entgegengesetzt gerichtet und haben ihre Angriffspunkte an unterschiedlichen Körpern.**

Beispiel: Beim Tiefstart zum 100-m-Lauf (→**B2**) übt der Läufer eine große Kraft nach hinten auf den Startblock aus. Der Startblock „antwortet" mit einer gleich großen Gegenkraft und beschleunigt so den Läufer nach vorne. Durch Messungen hat man festgestellt, dass für kurze Zeit bis zu 1200 N an den Startblöcken angreifen (→**B3**).

■ **A1** ◗ Ist es möglich, auf einer reibungsfreien Oberfläche zu gehen?

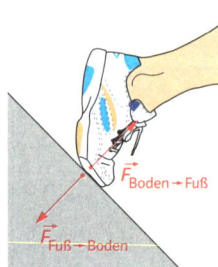

B2 Kraft und Gegenkraft am Startblock

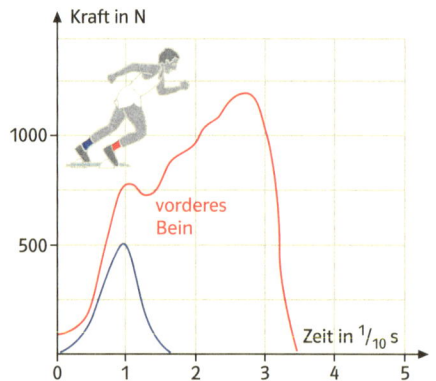

B3 Kräfte zwischen Erde und Läufer beim Start

Mehrere Kräfte wirken

■ **V1** Eine entspannte Schraubenfeder endet am Punkt A. Wie in **B1** dehnen wir sie mit **zwei** Kräften bis zum Punkt P. Mit Kraftmessern messen wir ihre Beträge:

$F_1 = F_2 = 5\,N$

Die Feder lässt sich auch mit einer Kraft so dehnen, dass die gleiche Verlängerung von A nach P entsteht. Als Betrag messen wir:

$F = 10\,N$

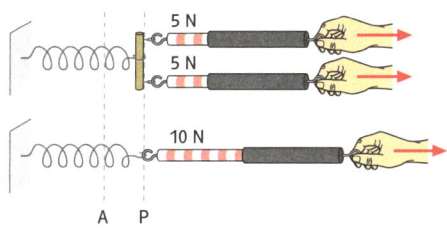

B1

B2 Zwei Loks ziehen Waggons.

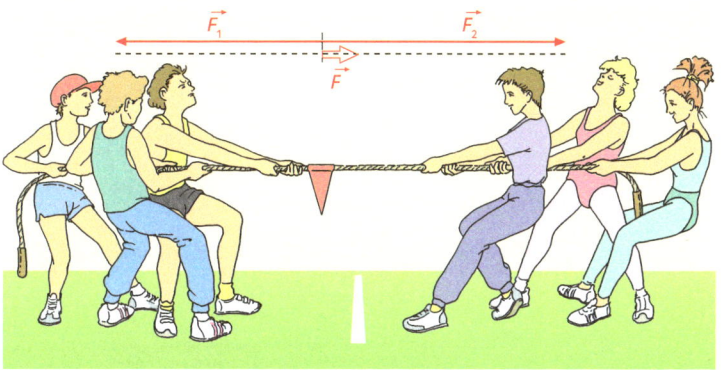

B4 Entgegengesetzt gerichtete Kräfte beim Tauziehen

Teilkräfte und Ersatzkräfte In **B2** ziehen die beiden Dampflokomotiven gemeinsam die Waggons. Die Kraft einer Lok allein reicht offensichtlich nicht aus, den Zug fortzubewegen. Das wäre nur mit einer stärkeren Lokomotive möglich. Sie könnte die Kräfte der beiden Loks ersetzen. **Teilkräfte** lassen sich zu einer Kraft zusammenfassen. Man nennt sie die **Ersatzkraft** der Teilkräfte.

● **Die Ersatzkraft hat als Einzelkraft die gleiche Wirkung wie die Teilkräfte zusammen.**

Zeigen wie in unserem Beispiel die Teilkräfte in eine Richtung, so ist der Betrag der Ersatzkraft gleich der Summe der Beträge der Teilkräfte (→ **B3**).

Beim Tauziehen wirken die Kräfte der beiden Mannschaften in entgegengesetzte Richtungen (→ **B4**). Obwohl die Teilkräfte sehr groß sind, ist ihre Ersatzkraft klein. Sie zeigt in Richtung der größeren der beiden Teilkräfte. Der Betrag der Ersatzkraft ist gleich der Differenz der Beträge der Teilkräfte.

Das Kräftegleichgewicht Sind beim Tauziehen beide Mannschaften gleich stark, so bewegt sich die Fahne in der Mitte des Taus nicht. Die Kräfte gleichen sich aus. Die Ersatzkraft beträgt 0 N. Man spricht von einem **Kräftegleichgewicht**.

Man darf also nicht schließen, dass beim Fehlen einer von außen erkennbaren Kraftwirkung keine Kräfte auf einen Gegenstand ausgeübt werden. Es könnten Teilkräfte vorhanden sein, die sich im Kräftegleichgewicht befinden.

● **Es herrscht Kräftegleichgewicht, wenn die Ersatzkraft aller Teilkräfte 0 N beträgt.**

B3 Gleichgerichtete Kräfte

Kraft und Gegenkraft

1 Ergänze den Lückentext.

Wenn ein Körper eine Kraft auf einen zweiten Körper ausübt, wirkt gleichzeitig _____

_____ . Die beiden Kräfte sind _____

_____

2 **a)** Was ist zu beobachten, wenn man von einem Boot aus an das Ufer springt (siehe Bild)?

_____

b) Erkläre das Verhalten des Bootes.

_____

_____

c) Wie sollte man ans Ufer springen? Kreuze die richtigen Antworten an.

☐ Mit größerem Schwung abspringen.

☐ Abspringen, wenn eine Welle das Boot hochgehoben hat.

☐ Mit etwas Schwung an das Ufer heranfahren und beim Aufsetzen des Bootes an Land springen.

3 Zeichne in die folgenden Situationen die Kraft und deren Gegenkraft ein und gib die Kraftwirkungen an:
a) Ein Auto fährt gegen die Wand.

_____

_____

_____

b) Ein Auto beschleunigt nach rechts.

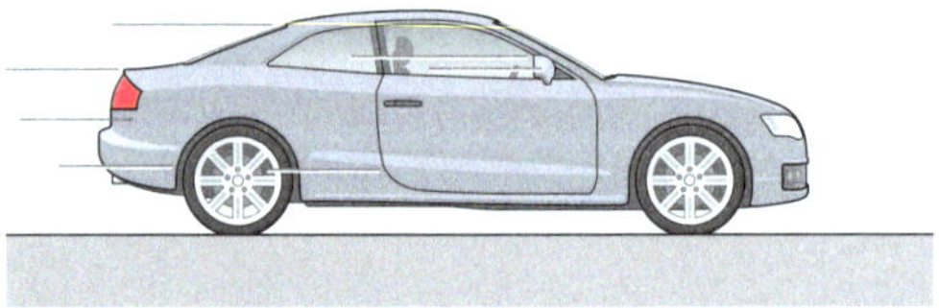

_____

_____

_____

c) Ein Auto bremst auf einer normalen Straße ab.

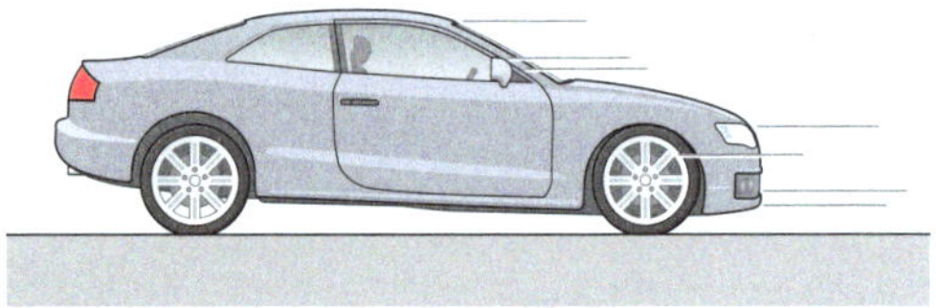

_____

_____

_____

Die Reibungskraft

V1 Lege einen Besen auf deine Zeigefinger (→**B2**). Bewege sie dann langsam aufeinander zu. Abwechselnd rutscht der Besenstiel auf dem einen und dem anderen Finger. Schließlich treffen sie sich unterhalb des Schwerpunktes des Besens.

V2 Ziehe einen Holzquader gleichmäßig über einen Tisch. Die dazu notwendige Kraft stellst du mit einem Kraftmesser fest (→**B1**).

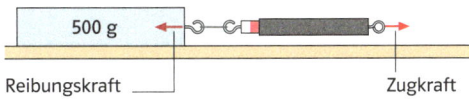

Reibungskraft — 500 g — Zugkraft

B1

Nach Beginn der Bewegung sinkt der Betrag der Zugkraft und bleibt dann fast unverändert. Untersuche auch, ob sich die Zugkraft ändert, wenn man den Quader auf eine andere Seitenfläche stellt. Die Zugkraft ist nahezu unabhängig von der Größe der Auflagefläche.

V3 Wir verändern die Kraft, mit der der Quader auf die Unterlage wirkt, indem wir verschiedene Wägestücke auflegen. Wir messen die Zugkraft in Abhängigkeit von der Gewichtskraft. Die Zugkraft wächst mit der auf die Unterlage wirkenden Kraft.

V4 Den Einfluss der Oberflächenbeschaffenheit der reibenden Flächen untersuchen wir, indem wir den Quader einmal auf den glatten Tisch, dann auf Sandpapier, dann auf Öl und schließlich auf mehrere Rollen legen.

V5 Ein Massestück wird mit einem Seil durch eine Öse bzw. über eine Rolle nach oben gezogen (→**B3**). Bei der Öse ist die Zugkraft viel größer als die Gewichtskraft des Massestückes.

B2

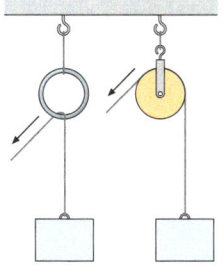

B3

Was sind Reibungskräfte?
Bei Glatteis dürfen die Schuhsohlen nicht zu „rutschig" sein. Beim Verschieben eines schweren Schrankes muss man kräftig zupacken, der Schrank scheint am Boden zu „kleben". Es wirken **Reibungskräfte** zwischen den sich berührenden Gegenständen. Sie bremsen oder verhindern eine Bewegung. Wird an einem ruhenden Körper mit einer langsam von Null an wachsenden Kraft gezogen, so bleibt er zunächst noch in Ruhe, er haftet an der Unterlage. Der Zugkraft wirkt eine Reibungskraft entgegen. Schließlich überwindet die Zugkraft diese Reibungskraft und der Körper setzt sich mit einem Ruck in Bewegung. Kurz davor ist die Zugkraft und damit auch die Reibungskraft am größten. Man bezeichnet den größten Betrag der Reibungskraft bei ruhendem Körper als **Haftreibungskraft**. Sobald der Körper gleitet, wird die Reibungskraft kleiner. Nach anfänglichem „Ruckeln" verändert sie ihren Betrag bei kleinen Geschwindigkeiten kaum. Diese Kraft heißt **Gleitreibungskraft** (→**B4a**). Besonders leicht gegeneinander beweglich sind zwei Körper, wenn sich zwischen ihnen Rollen oder Kugeln drehen (→**B4c**). Man nennt dies **Rollreibung**.

● **Die Haftreibungskraft ist größer als die Gleitreibungskraft und diese wiederum viel größer als die Rollreibungskraft.**

Reibung erwünscht und unerwünscht
Ohne Reibung hält kein Nagel in der Wand. Es gäbe keine Knoten und das Stricken eines Pullovers wäre unmöglich. Reibung ist auch zum Gehen nötig – wie man bei Glatteis feststellen kann. In den **Bremsen** von Fahrzeugen wirken große Reibungskräfte. Dazu werden die Bremsbeläge gegen Bremsscheiben oder Bremstrommeln gepresst. Die Räder üben dann auf die Fahrbahn eine Kraft in Fahrtrichtung aus; die Fahrbahn übt ihrerseits eine Kraft in entgegengesetzter Richtung, also bremsend, auf das Fahrzeug aus. Solange sich die berührenden Flächen von Rad und Fahrbahn nicht gegeneinander bewegen, wirkt die Haftreibung. Blockieren die Räder, so wirkt nur noch die kleinere Gleitreibung. Die Bremswirkung wird geringer.

In Autos und Maschinen befindet sich in vielen **Lagern** Schmierfett. Es sorgt dafür, dass die Metallteile auf einer Fettschicht gleiten (→**B4b**). So wird die Reibung gesenkt. Heute verwendet man oft Kunststoffgleitlager. In den **Gelenken** haben die Knochenenden eine Knorpelschicht. Ist dieses Gleitlager zerstört, reiben die Knochen aneinander.

A1 ⊖ Weshalb braucht man zum Aufrechterhalten einer Bewegung dauernd Kraft?

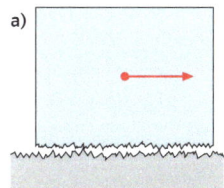

a)

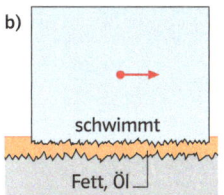

b) schwimmt — Fett, Öl

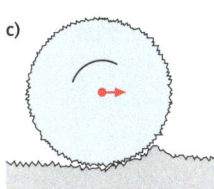

c)

B4 Gleitreibung (a); Reibung an Flüssigkeit (b); Rollreibung (c)

1 In einem Experiment wurde die Bewegung einer Modelleisenbahn auf gerader Strecke untersucht. Nach verschiedenen Zeiten wurde jeweils der zurückgelegte Weg gemessen.

t in s	0	2	4	6	8	10
s in m	0	0,16	0,31	0,5	0,65	0,8

a) Stelle die Bewegung in einem Diagramm dar.
b) Um welche Bewegungsart und -form handelt
es sich?

_____

2 Welche der folgenden Diagramme zeigen eine

gleichförmige Bewegung? _____   gleichmäßig beschleunigte Bewegung? _____

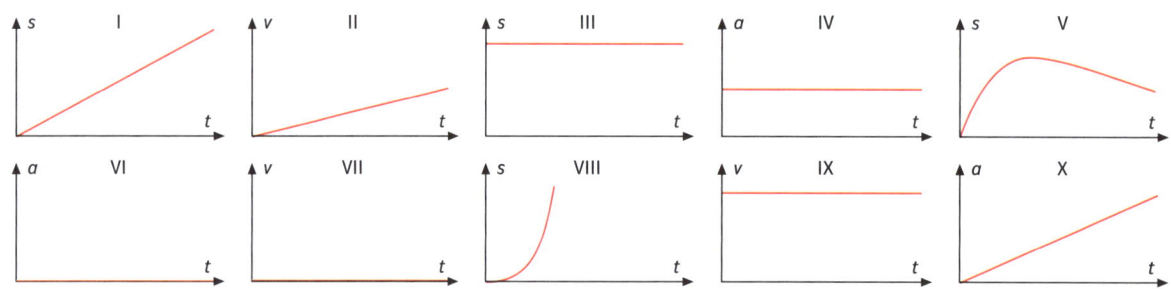

3 **a)** Was ist zu beobachten, wenn man von einem Boot aus an das Ufer springt?

_____

b) Erkläre das Verhalten des Bootes.

_____

_____

4 Ein Autofahrer muss plötzlich bremsen. Was geschieht mit den Insassen? Kreuze an.

☐ Ihre Gewichtskraft wird kleiner.

☐ Sie werden nach hinten gedrückt.

☐ Ihre Masse nimmt zu.

☐ Sie bewegen sich kurzzeitig weiter nach vorn.

☐ Nichts.

🌐 **Surftipp**
w7cf5r

Tabellen

Universelle physikalische Konstanten

Lichtgeschwindigkeit im Vakuum	$c_0 = 2{,}99792458 \cdot 10^8 \frac{m}{s}$
Gravitationskonstante	$\gamma = 6{,}67259 \cdot 10^{-11} \frac{m^3}{kg \cdot s^2}$
Elementarladung	$e = 1{,}60217733 \cdot 10^{-19}$ C
elektrische Feldkonstante	$\varepsilon_0 = 8{,}854188 \cdot 10^{-12} \frac{C}{V \cdot m}$
magnetische Feldkonstante	$\mu_0 = 1{,}256637 \cdot 10^{-6} \frac{V \cdot s}{A \cdot m}$
Planck'sches Wirkungsquantum	$h = 6{,}6260755 \cdot 10^{-34}$ Js $h = 4{,}1356692 \cdot 10^{-15}$ eVs
Avogadro'sche Konstante	$N_A = 6{,}0221367 \cdot 10^{23} \frac{1}{mol}$
Faraday'sche Konstante	$F = 9{,}6485309 \cdot 10^4 \frac{C}{mol}$
Stefan-Boltzmann'sche Konstante	$\sigma = 5{,}67051 \cdot 10^{-8} \frac{W}{m^2 \cdot K^4}$
Allgemeine Gaskonstante	$R = 8{,}314510 \frac{J}{K \cdot mol}$
Absoluter Nullpunkt (0 K)	$\vartheta = -273{,}15\,°C$
Molvolumen idealer Gase (bei 273,15 K, 1013,25 hPa)	$V_{m_0} = 22{,}4140 \frac{dm^3}{mol}$

Astronomische Konstanten

Sonne	Masse	$m_S = 1{,}989 \cdot 10^{30}$ kg
	Radius	$r_S = 6{,}96 \cdot 10^8$ m
Mond	Masse	$m_M = 7{,}349 \cdot 10^{22}$ kg
	Radius	$r_M = 1{,}738 \cdot 10^6$ m
	Abstand zur Erde (mittlerer)	
		$= 3{,}844 \cdot 10^8$ m
	Umlaufzeit um Erde (synodisch[1])	
	1 Monat = 29,53051 d	
Erde	Masse	$m_E = 5{,}974 \cdot 10^{24}$ kg
	Radius	$r_E = 6{,}378 \cdot 10^6$ m
	Abstand zur Sonne (mittlerer)	
	1 AE = $1{,}4959787 \cdot 10^{11}$ m	
	Umlaufzeit um Sonne (siderisch[2])	
	1 Jahr = 1 a = 365,2564 d	
	Normfallbeschleunigung	
	$g_n = 9{,}80665$ m/s^2	
	Solarkonstante (über der Lufthülle)	
	$S = 1{,}368 \cdot 10^3$ W/m^2	

Astronomische Einheit
1 AE = $1{,}4959787 \cdot 10^{11}$ m
Lichtjahr 1 LJ = 63275 AE ≈ $9{,}46 \cdot 10^{15}$ m
Parsec 1 parsec = 3,26 LJ ≈ $3{,}09 \cdot 10^{16}$ m

[1] synodisch: von Neumond zu Neumond
[2] siderisch: 360°-Umrundung der Sonne

Atomare Konstanten

	Zeichen	Ladung	Ruhemasse
Elektron	$_{-1}^{0}e$	$-1{,}6022 \cdot 10^{-19}$ C	$9{,}1093897 \cdot 10^{-31}$ kg
Neutron	$_{0}^{1}n$	0	$1{,}6749286 \cdot 10^{-27}$ kg
Proton	$_{1}^{1}p$	$+1{,}6022 \cdot 10^{-19}$ C	$1{,}6726231 \cdot 10^{-27}$ kg
Deuteron	$_{1}^{2}d$	$+1{,}6022 \cdot 10^{-19}$ C	$3{,}3444877 \cdot 10^{-27}$ kg
α-Strahlung	$_{2}^{4}He$	$+3{,}2044 \cdot 10^{-19}$ C	$6{,}6446622 \cdot 10^{-27}$ kg

Elektronvolt 1 eV = $1{,}60217733 \cdot 10^{-19}$ J
Atomare Masseneinheit 1 u = 1/12 m (^{12}C) = $1{,}6605402 \cdot 10^{-27}$ kg
Energie-Masse-Äquivalent 1 u = 931,49433 MeV/c^2

Grundeinheiten

1 Meter (1 m) ist die Strecke, die Licht im Vakuum in 1/29972458 s durchläuft.

1 Kilogramm (1 kg) ist die Masse eines Prototyps (Urkilogramm) in Paris.

1 Sekunde (1 s) ist das 9192631770-fache der Dauer einer Periode der Strahlung, die das Caesium-isotop $_{55}^{133}$Cs beim Wechsel zwischen zwei gewissen Energieniveaus aussendet.

1 Ampere (1 A) ist die Stromstärke, die zwischen zwei unendlich langen, parallelen Leitern im Abstand 1 m die Kraft von $2 \cdot 10^{-7}$ N hervorruft.

1 Kelvin (1 K) ist der 273,16te Teil der Temperatur des Tripelpunktes von Wasser (bei 0,01 °C und 6 hPa).

1 Mol (1 mol) ist die Stoffmenge, deren Teilchen-zahl genauso groß ist, wie es Atome in 0,012 kg des Stoffes $_{6}^{12}$C gibt.

Wichtige Größen und ihre Einheiten

Größe	Zeichen	Einheitenname	Zeichen	Festlegung
Länge	s, l	Meter	1 m	Lichtgeschwindigkeit c_0 mal Zeit
Fläche	A	Quadratmeter	$1 m^2$	$1 m^2 = 1 m \cdot 1 m$
Volumen	V	Kubikmeter	$1 m^3$	$1 m^3 = 1 m \cdot 1 m \cdot 1 m$
Masse	m	Kilogramm	1 kg	Grundeinheit, festgelegt durch ein Normal
Dichte	ϱ		$1 kg/m^3$; $1 g/cm^3$	Masse durch Volumen
Stoffmenge	n	Mol	1 mol	Grundeinheit, festgelegt durch ein Normal
Zeit	t	Sekunde	1 s	Grundeinheit, festgelegt durch ein Normal
Geschwindigkeit	v		1 m/s; 1 km/h	Weglänge durch Zeitspanne
Frequenz	f	Hertz	1 Hz	1 Hz = 1 1/s; Anzahl Perioden durch Sekunde
Kraft	F	Newton	1 N	$1 N = 1 kg\,m/s^2$; Masse mal Beschleunigung
Druck	p	Pascal	1 Pa	$1 Pa = 1 N/m^2$; Kraft/Fläche
Arbeit	W	Joule, Wattsekunde	1 J, 1 Ws	} Kraft mal Weg in Kraftrichtung
Energie	E	Joule, Wattsekunde	1 J, 1 Ws	} $1 J = 1 Ws = 1 N \cdot 1 m$
Leistung	P	Watt	1 W	1 W = 1 J/s; Arbeit durch Zeit
Temperatur	ϑ	Grad Celsius	1 °C	festgelegte Skala } Temperaturunterschied:
	T	Kelvin	1 K	festgelegte Skala } 1 °C = 1 K
Ladung	Q	Coulomb	1 C	$1 C = 1 A \cdot 1 s$; Stromstärke mal Zeit
Stromstärke	I	Ampere	1 A	Grundeinheit, festgelegt durch ein Normal
Spannung	U	Volt	1 V	1 V = 1 Ws/C; Arbeit durch Ladung
Widerstand	R	Ohm	1 Ω	1 Ω = 1 V/A; Spannung durch Stromstärke

Vorsilben für dezimale Vielfache und Teile von Einheiten

Vorsilbe	Exa (E)	Peta (P)	Tera (T)	Giga (G)	Mega (M)	Kilo (k)	Hekto (h)	Deka (da)
bedeutet	10^{18}	10^{15}	10^{12}	10^{9}	10^{6}	10^{3}	10^{2}	10^{1}
Vorsilbe	Dezi (d)	Zenti (c)	Milli (m)	Mikro (µ)	Nano (n)	Piko (p)	Femto (f)	Atto (a)
bedeutet	10^{-1}	10^{-2}	10^{-3}	10^{-6}	10^{-9}	10^{-12}	10^{-15}	10^{-18}

Spezielle Einheiten, ausländische Einheiten

				englisch	amerik.
1 geografische Meile	= 7420 m				
1 Seemeile (sm)	= 1852 m	1 pint (liq. pt.)	=	0,5683 l	0,4732 l
1 Knoten (kn) = 1 sm/h	= 0,5144 m/s	1 quart = 2 pints	=	1,1365 l	0,9464 l
1 Faden	= 1,829 m	1 gallon = 4 quarts	=	4,5460 l	3,7854 l
1 Registertonne	$= 2,832 m^3$	1 petroleum barrel	=	159,11 l	158,99 l
1 internat. Karat	= 0,2051 g	1 °Fahrenheit (°F)	=	$\frac{5}{9}$ °C; (0 °C ≙ 32 °F)	
1 Feinunze (troy ounce)	= 31,1035 g			x °C = ($\frac{9}{5} x + 32$) °F	
1 inch (in, Zoll)	= 2,54 cm	1 ounce (oz)	=		28,35 g
1 foot (ft) = 12 in	= 30,48 cm	1 pound (lb) = 16 oz	=		453,60 g
1 yard (yd) = 3 ft	= 91,44 cm	1 quarter (qu) = 28 lbs	=		12,70 kg
1 mile = 1760 yd	= 1609 m	1 short ton = 2 000 lbs	=		907,20 kg
1 acre	$= 4047 m^2$	1 long ton = 2 240 lbs	=		1016,00 kg

Veraltete Einheiten

Druck	
1 at	= 98 066,5 Pa
1 atm	= 101 325 Pa
1 Torr	= 133 Pa

Energie	
1 kcal	= 4186,8 J
1 kp m	= 9,80665 J

Leistung	
1 PS	= 736 W
1 kcal/h	= 1,16 W
1 kp m/s	= 9,80665 W

Eigenschaften verschiedener Stoffe

ϱ = Dichte bei 20 °C, für Gase bei 0 °C und 1013 hPa;
γ = Volumenausdehnungszahl bei 20 °C;
c = spezifische Wärmekapazität,
   bei Gasen bei konstantem Druck;
s = spezifische Schmelzenergie;

α = Längenausdehnungszahl bei 18 °C;
v = Schallgeschwindigkeit in Gasen bei 0 °C;
ϑ_f = Schmelztemperatur;
ϑ_d = Siedetemperatur;
r = spezifische Verdampfungsenergie

Feste Stoffe	ϱ g/cm³	α 1/(10⁶ K)	c kJ/(kg · K)	ϑ_f °C	s kJ/kg	ϑ_d °C	r kJ/kg
Aluminium	2,70	23,8	0,896	660	404	2400	10539
Beton	2,2–2,5	11	0,879				
Blei	11,35	29,4	0,129	327	24,7	1750	871
Cobalt	8,8	12,6	0,419	1493	260	2880	4815
Eis (–4 °C)	0,92	37	2,09	0	334	100	2257
Eisen	7,86	11,59	0,452	1535	270	2800	6322
Glas	2,23	3,2	0,799	815			
Gold	19,3	14,2	0,129	1063	64,5	2660	1578
Graphit	2,25	19	0,711	3800		4400	
Iod	4,93	64,1	0,214	114	124	183	163
Kochsalz	2,16	48	0,854	808	519	1461	2789
Kupfer	8,93	16,8	0,385	1083	205	2582	4798
Messing (MS 7,2)	8,6	18,5	0,375	~320		1160	
Natrium	0,97	71	1,23	98	113	890	4600
Paraffin	0,8–0,9	150	2,51	50			
Platin	21,45	9,1	0,134	1769	111	4300	2470
Plexiglas	1,16	75	1,30	~110			
Porzellan	2,3	4	0,846	1670			
Quarzglas	2,20	5,6	0,712	1585			
Schwefel	2,06	56,5	0,720	113	50,2	445	293
Silber	10,5	19,3	0,237	961	105	2180	2361
Silicium	2,4	2,5	0,703	1423	166	2350	12561
Wolfram	19,27	4,5	0,142	3390	192	5500	4354
Zink	7,13	26,3	0,389	420	111	907	1754
Zinn	7,30	27	0,226	232	59,5	2680	2387

Flüssigkeiten	ϱ g/cm³	α 1/(10³ K)	c kJ/(kg · K)	ϑ_f °C	s kJ/kg	ϑ_d °C	r kJ/kg
Aceton	0,791	1,43	2,22	–95	82,1	56	519
Benzol	0,879	1,23	1,70	6	126	80	394
Ethanol	0,789	1,10	2,40	–114	105	78	854
Ether	0,714	1,62	2,26	–116		34,6	356
Glycerin	1,260	0,50	2,39	18	201	291	
Petroleum	0,847	0,96	2,14			150	
Quecksilber	13,546	0,181	0,138	–39	11,8	357	285
Schwefelsäure (rein)	1,834	0,22	1,42	10,4	109	338	
Wasser	0,998	0,21	4,19	0	334	100	2257

Gase	ϱ g/dm³	v m/s	c kJ/(kg · K)	ϑ_f °C	s kJ/kg	ϑ_d °C	r kJ/kg
Ammoniak	0,771	415	2,16	–77,7	332	–33,4	1374
Chlor	3,214	206	0,486	–101,5	90,4	–34,7	289
Helium	0,179	965	5,23	–273,2		–268,98	20,5
Kohlenstoffdioxid	1,977	266	0,837	–78,5	181	–57	574
Kohlenstoffmonooxid	1,25	337	1,05	–204	29,7	–191,5	216
Luft	1,293	332	1,005	–213		–193	
Propan	2,010	260	1,63	–187,7	80,0	–42,1	427
Sauerstoff	1,429	315	0,917	–219	13,8	–182,97	214
Stickstoff	1,251	334	1,04	–210,5	25,5	–195,8	201
Wasserstoff	0,0899	1286	14,32	–259,5	58,2	–252,8	448
Xenon	5,897	170	0,126	–111,8	17,6	–108,1	99,2

Stichwort- und Personenregister

A

Ablesen von Werten 79
absoluter Nullpunkt 64
absorbieren 23
Aggregatzustand 56
Aggregatzustandsänderung 67
Amplitude 8
Angriffspunkt 88
Anomalie des Wassers 65
Anziehungskraft 92
Ausdehnung fester Körper 58
Ausdehnung von Flüssigkeiten 62
Ausdehnung von Gasen 62
Ausgleichsgerade 74

B

beleuchtet 22
beschleunigte Bewegung 71, 76
Beschleunigung 77
Betrag 88
Bewegung 70, 82
–, beschleunigte 71, 76
–, geradlinige 70
–, gleichförmige 71, 72
–, ungleichförmige 71
–, verzögerte 71
Bewegungsarten 71
Bewegungsformen 70
Bildkonstruktion 43
Bimetall 61
Blende 43
Brechung 34, 35, 37
Brechungswinkel 35
Bremsen 97
Brennpunkt 40
Brennweite 40
Brown, Robert 51
Brown'sche Bewegung 51

C

Cavendish, Henry 93
Celsius, Anders 53

D

Diagramm 55
Dichte, optische 35
Diffusion 51

Drehwaage 93
durchscheinend 23
durchsichtig 23

E

Echo 14
Echolot 14
Eichung 53
Einfallswinkel 31, 35
elastische Verformung 90
Ersatzkraft 95
Erstarren 56, 67
Erstarrungstemperatur 67
Experimente planen und
    durchführen 25, 59

F

Fahrenheit, Gabriel 53
Fahrenheit-Skala 53
Farbspektrum 45
fester Körper 50
Festkörper 50
Fixpunkt 53
flüssiger Körper 50
Flüssigkeit 50
Flüssigkeitsfaden 62
Frequenz 8

G

Gas 50, 64
gasförmiger Körper 50
Gegenkraft 94
gekrümmter Spiegel 43
Gelenk 97
geradlinige Bewegung 70
Geräusch 8, 9
gerichtete Reflexion 23
Gesamtimpuls 85
Geschwindigkeit 73
Gewichtskraft 92, 93
gleichförmige Bewegung 71
Gleitreibungskraft 97
Grenzfläche 34
Grenzwinkel 39
Grundgleichung der Mechanik 86

H

Haftreibungskraft 97
Halbschatten 29
Halbschattenraum 29
Hauptregenbogen 46
Hertz, Heinrich 8
Hören 6
Hörgerät 16
Hooke'sches Gesetz 90
Huygens, 1 Hy 85

I

ideales Gas 64
Impuls 85
Impulsänderung 86
Impulserhaltungssatz 85
Interpretation von
    t-s-Diagrammen 78
Interpretation von
    t-v-Diagrammen 79

K

Kelvin-Skala 53
Kernschatten 29
Kernschattenraum 29
Kilogramm, 1 kg 84
Klang 8, 9
Knall 8, 9
Kondensieren 56, 67
Körper
–, fester 50
–, flüssiger 50
–, gasförmiger 50
Kraft 86, 87, 88, 94
Kräftegleichgewicht 95
Kraftmesser 89
Kraftpfeil 88
Kraftwirkung 88
Kreisbewegung 70

L

Lager 97
Lärm 18, 19
Lärmschutzwand 19
Lärmstufe 18
Laser 26
Lautstärke 8
Lernmethode „Kugellager" 16
Licht 28

Lichtausbreitung 26
Lichtbrechung 35, 40
Lichtbündel 26
Lichtempfänger 22
Lichtenergie 24
Lichtquelle 22
Lichtstrahl 26
Linienspektrum 45
Linse, optische 40
–, Sammel- 40, 41
–, Zerstreuungs- 40
Lord Kelvin 53
Lupe 44

M

Masse 84
Mikrofon 16
Mittelwert 74
Modell 26
–, des Lichtstrahls 26

N

Nachhall 14
Nebenregenbogen 46
Newton, 1 N 89
Newton, Isaac 45, 89, 94
Nullpunkt, absoluter 64

O

objektiv 52
Ohr 16
optische Dichte 35
optische Linse 40
Ortsfaktor 92, 93

P

Phasenübergang 56
physikalisch argumentieren 37
plastische Verformung 90
Protokoll 38
punktförmig 28
Punktlichtquelle 28

Q

quotientengleich 73

R

Randstrahlen 28
reflektieren 23
reflektiert 12
Reflexion 23, 31
–, ungerichtete 23
Reflexionsgesetz 31
Reflexionswinkel 31
„regelwidriges" Verhalten
   bei Wasser 65
Regenbogen 46
Reibung 97
Reibungskraft 97
Reinstoff 50
Richtung 82, 88
Rollreibungskraft 97
Römer, Olaf 38
Ruhe 70

S

Sammellinse 40, 41
Schall 6
Schallausbreitung 11
Schalldämpfung 14
Schallempfänger 6
Schallenergie 12
Schallentstehung 7
Schallgeschwindigkeit 12
Schallquelle 6
Schallträger 12
Schallwelle 11
Schatten 28
Schattenbild 28
Schattenraum 28
Schmelzen 56, 67
Schmelztemperatur 67
Schwerkraft 92
Schwingung 7, 70
Sehen 22, 37
Sehwinkel 44
Sieden 56
Siedetemperatur 67
skalar 82
Solarzelle 24, 25
Spektralfarben 45
Spektrum 45
Spickzettel 15
Spiegel, gekrümmter 43
Steigrohr 62
Stoßbewegung 85
Streuung 31

T

Teilchen 50
Teilchenmodell 50
Teilkräfte 95
Temperatur 52
Temperaturkurve 55
Temperaturskala 53
Thermometer 52
Ton 8, 9
Tonhöhe 8
Totalreflexion 39
Trägheit 83
Tyndall, John 39

U

ungerichtete Reflexion 23
ungleichförmige Bewegung 71

V

Vektor 82
Verdampfen 56, 67
Verdunsten 56
Verformung, elastische 90
–, plastische 90
Vergrößerung 44
Vermutungen durch Experimente
   überprüfen 61
verzögerte Bewegung 71
Vorratsbehälter 62

W

Wahrnehmen 37
Wechselwirkung 93, 94
Wechselwirkungsprinzip 94
Wirkung 88

Z

Zerstreuungslinse 40
Zustandsgrößen 64

Bildquellennachweis

U1.1 Corbis (Craig Tuttle), Düsseldorf;

3.1 Getty Images (Riser/Donald C. Landwehrle), München; **3.2** Mauritius Images (Phipp), Mittenwald; **3.3** Arco Images GmbH (W. Daffue), Lünen; **3.4** ddp images GmbH (Johns Hopkins University Applied Physics Laboratory/Southwest Research Institute/ddp), Hamburg; **5.1** Getty Images (Riser/Donald C. Landwehrle), München; **7.1; 7.2** Klett-Archiv, Stuttgart; **7.5** Tierbildarchiv Angermayer, Holzkirchen; **8.2a; 8.2b** Barthelmes & Co GmbH, Tuttlingen; **16.3** iStockphoto (David Gunn), Calgary, Alberta; **18.2** FOCUS (SPL/Prof. P. Motta), Hamburg; **19.1** mago & Stuttgarter Luftbild - FOTOFLUG.de, Ennepetal; **19.2** Helga Lade Fotoagentur (K. Baier), Frankfurt; **21.1** Mauritius Images (Phipp), Mittenwald; **23.1a; 23.1b; 23.1c; 23.1d** Klett-Archiv, Stuttgart; **23.2** Busch & Müller KG, Meinerzhagen; **24.2** TU Delft (Sam Rentmeester/FMAX), Delft; **26.1** Klett-Archiv, Stuttgart; **26.4** Getty Images (Taxi/Steve Bloom), München; **26.5** Picture-Alliance (Martin Ruetschi), Frankfurt; **28.1a; 28.1b** Klett-Archiv (Wilhelm Bredthauer, Peter Wessels), Stuttgart; **28.2a; 28.2b** Klett-Archiv (Fabian H. Silberzahn), Stuttgart; **28.3a** Klett-Archiv, Stuttgart; **30.1a; 30.1b** Klett-Archiv (Wilhelm Bredthauer, Peter Wessels), Stuttgart; **31.1** Klett-Archiv (Zuckerfabrik Digital), Stuttgart; **31.4** Klett-Archiv (Heinz-Joachim Ciprina), Stuttgart; **34.3a; 34.3b; 34.4** Klett-Archiv (Zuckerfabrik Digital), Stuttgart; **35.4** Hanna-Maria Zippelius, Mechernich; **36.1a** Klett-Archiv (Fabian H. Silberzahn), Stuttgart; **36.1b, 37.1a** Klett-Archiv (Peter Anselment), Stuttgart; **37.1b; 37.3** Klett-Archiv (Manfred Grote), Stuttgart; **38.1** Deutsches Museum, München; **39.1; 39.3** Klett-Archiv (Zuckerfabrik Digital), Stuttgart; **40.1a; 40.1b** Klett-Archiv, Stuttgart; **41.1; 44.2** Klett-Archiv (Zuckerfabrik Digital), Stuttgart; **44.3** Ullstein Bild GmbH, Berlin; **45.5** akg-images, Berlin; **45.8** Georg Trendel, Unna; **46.1** Okapia, Frankfurt; **49.1** Arco Images GmbH (W. Daffue), Lünen; **50.1a; 50.1b; 50.1c; 50.1d** Klett-Archiv (Zuckerfabrik Digital, Ginger Neumann), Stuttgart; **50.3a; 50.3b; 50.3c** Klett-Archiv (Zuckerfabrik Digital, Ginger Neumann), Stuttgart; **51.2; 51.4** Klett-Archiv, Stuttgart; **52.2** Klett-Archiv (Zuckerfabrik Digital), Stuttgart; **55.1** Das Fotoarchiv (Peter Hollenbach), Essen; **56.1** Klett-Archiv (Horst Welker), Stuttgart; **56.2a; 56.2b** Georgia Tech College of Computing, Atlanta (Mark Carlson "Melting and Flowing", 2002); **58.2a; 58.2b; 58.2c** Klett-Archiv (Zuckerfabrik Digital), Stuttgart; **58.3; 58.4** Klett-Archiv (Johann Leupold), Stuttgart; **62.3; 65.3** Klett-Archiv (Hartmut Fahrenhorst), Stuttgart; **69.1** ddp images GmbH (Johns Hopkins University Applied Physics Laboratory/Southwest Research Institute/ddp), Hamburg; **70.3a; 70.3b** Klett-Archiv (Zuckerfabrik Digital), Stuttgart; **70.4** iStockphoto (Serega), Calgary, Alberta; **71.2** Mauritius Images (Josef Kuchlbauer), Mittenwald; **71.3** Das Fotoarchiv (Peter Hollenbach), Essen; **73.3** Klett-Archiv (Manfred Grote), Stuttgart; **75.2** Fotex GmbH (Warren Faidley), Hamburg; **76.1** Klett-Archiv, Stuttgart; **76.2a** Klett-Archiv (Manfred Grote), Stuttgart; **76.3** Imago (Fernando Baptista), Berlin; **76.5** shutterstock (Philip Lange), New York, NY; **77.2** Corbis (Schlegelmilch), Düsseldorf; **78.1** Picture-Alliance, Frankfurt; **82.1** Klett-Archiv (Erwin Spehr), Stuttgart; **82.2** Klett-Archiv (Florian Karsten), Stuttgart; **83.5** Ullstein Bild GmbH (CARO/Sorge), Berlin; **84.1** Getty Images (Andy Sacks), München; **84.2** Klett-Archiv (Zuckerfabrik Digital), Stuttgart; **84.3** Corbis (Wolfgang Kaehler), Düsseldorf; **85.1** Klett-Archiv (Zuckerfabrik Digital), Stuttgart; **86.1** Daimler AG Medienarchiv, Stuttgart; **86.2** Hans Dieter Seufert, Berglen-Steinach; **86.3** Mercedes Benz, Niederlassung, Stuttgart; **87.1** f1 online digitale Bildagentur (Score. by Aflo), Frankfurt; **87.3** Klett-Archiv (Toni Wiedemann), Stuttgart; **88.5** Helga Lade Fotoagentur (Kester), Frankfurt; **90.2** VISUM Foto GmbH (Travel Ink), Hamburg; **92.2** creativ collection Verlag GmbH, Freiburg; **93.2** Picture-Alliance, Frankfurt; **94.4** akg-images, Berlin; **95.2** photo affairs, Deisslingen